찬양의 31일

네비게이토 선교회는
국제적이며 복음적인 기독교 기관이다.
예수 그리스도께서는 자기를 따르는 자들에게
"너희는 가서 모든 족속으로 제자를 삼으라"
(마태복음 28:19)는 지상사명을 주셨다.
네비게이토 선교회는 세계 모든 국가에서
예수 그리스도의 일꾼들을 배가시켜
이 지상사명의 성취를 돕는 것을
근본 목표로 하고 있다.

네비게이토 출판사는
네비게이토 선교회의 문서 선교를 담당하고 있다.
본 출판사에서는 그리스도인의 영적 성장을 돕는
서적과 자료들을 출판하여,
그리스도인의 삶의 기초가 견고한
헌신된 제자로 성장하게 하고,
나아가 성숙한 인격과 지도력을 갖춘
일꾼이 되도록 돕고 있다.

Translated by permission
Title originally published in English as
31 DAYS OF PRAISE
ⓒ 1992 by Warren and Ruth Myers
Korean Copyright ⓒ 1994, 2020 by Korea NavPress

찬양의 31일
31 DAYS of PRAISE

룻 마이어즈

TO KNOW CHRIST AND TO MAKE HIM KNOWN

차 례

시작하기 전에 ··· 7

제 1 부

찬양의 유익점 ··· 11

찬양의 생활화 ··· 15
    예배(경배)? 찬양? 감사?
    항상 찬양? 범사에 감사?
    성령의 도우심
    찬양은 계발이 필요하다

찬양의 중요성 ··· 29
    찬양을 통해 믿음을 견고히 할 수 있다
    찬양을 통해 하나님의 임재를 경험할 수 있다

찬양을 통해 하나님의 능력을 경험할 수 있다
찬양을 통해 시련으로부터 더 많은 유익을 얻을 수 있다
찬양을 통해 생명이신 그리스도를 경험할 수 있다
찬양을 통해 하나님의 살아 계심을 나타내 보여 줄 수 있다
찬양을 통해 사탄을 이길 수 있다
찬양을 통해 하나님께 영광과 기쁨을 드릴 수 있다

제 2 부

찬양의 31일 ········· 64

찬양 - 하나님께 대한 가장 기본적인 예배 ········· 197

시작하기 전에

이 책이 나오기까지는 여러 해가 걸렸습니다. 내가 첫 남편을 잃고 홀로 지낼 때 태어났습니다. 이 책은 그동안 내 인생 여정에서, 미국에서 아직 미혼이었을 때… 선교사의 아내가 되어 선교 사역을 위해 대만으로, 필리핀으로, 홍콩으로 옮겨 다닐 때… 첫 남편이 여러 달 암과 싸우다가 마침내 주님 품으로 간 그 시절에… 그리고 혼자가 되어 두 어린 자녀와 함께 살던 시절에, 나로 하여금 더욱 주님을 믿고 의지하며 찬양하고 예배하도록 동기를 주었던 진리의 말씀들에서 나왔습니다.

여러분은 이 책에서 하나님께 대한 여러 진리를 발견하게 될 것이며, "하나님을 자기 보배로 소유하고 있는 사람은 모든 것을 소유하고 있다"라는 A. W. 토저의 말에 공감할 것입니다.

이 진리의 말씀을 통해 나는 기쁜 경험이든 고통스러운 경험이든 삶의 경험 속으로 하나님을 끌어들일 수 있었습니다. 허드

슨 테일러는 아내를 잃었을 때 요한복음 7:37 말씀을 이렇게 묵상했습니다.

"누구든지 목마르거든 내게로 와서 마시라."

목마르지 않은 자가 누구인가? 영적으로, 정신적으로, 육체적으로 목마르지 않은 자는 없다. 주님은 이와 같이 목마른 상태에 있는 나에게, "내게로 와서 목마른 채로 있어라"라고 말씀하시는가? 그렇지 않다. "내게로 와서 마시라"라고 말씀하신다.

정말 예수님은 나의 필요를 채워 주실 수 있는가? 그렇다. 채워 주시고도 남는다. 내가 가는 길이 아무리 힘들고, 내가 맡은 일이 아무리 어렵고, 아내와의 사별이 아무리 슬프고, 사랑하는 이들이 아무리 멀리 있고, 내가 아무리 무력하고, 내 영혼이 아무리 목마를지라도, 예수님께서는 모든 것을 채워 주실 수 있다. 뿐만 아니라 채워 주시고도 남는다.

이 책을 쓰면서 "찬양-하나님의 존전으로 통하는 문"을 많이 참고하였습니다. 주님께서 이 "찬양의 31일"을 사용하셔서, 여러분이 더욱 온전히 하나님을 경험하고, 더욱 새롭게 하나님의 이름에 영광을 돌리며, 하나님께 더욱 기쁨을 드리는 사람이 되게 해 주시기를 간절히 기도합니다.

제 1 부

*Let everything that has breath
praise the L*ORD*.
Praise the L*ORD*.*
Psalm 150:6

찬양의 유익점

여러분이 찬양과 경배를 이제 시작하려 한다면, 위대한 모험을 시작하려는 순간에 있다고 할 수 있습니다. 이 위대한 모험을 통해 여러분은 은혜로우시고 능력이 무한하시고 지극히 높으신 하나님께서는 여러분이 상상하는 이상으로 여러분의 찬양과 경배를 기뻐하신다는 사실을 발견하게 될 것입니다. 또한 여러분은 그분을 찬양하는 것이 참으로 귀한 특권임을 알게 될 것입니다. 그리고 여러분이 초보자이든 아니든 찬양으로 주님을 높일수록 주님께서는 더욱 여러분을 새롭게 하시며 더욱 그분을 깊이 알고 경험하도록 해 주실 것입니다.

서른두 살에 첫 남편을 잃고 난 후 새로이 이 사실을 발견했습니다. 나는 슬퍼 눈물을 흘렸습니다. 깊은 고독감을 느꼈습니다. 또한 두 어린 자녀를 혼자 길러야 한다는 책임감이 온몸을 눌렀습니다. 때로 가정의 모든 결정을 혼자서 해야 한다는 사실에 두려움을 느끼기도 했습니다.

그러나 동시에 마음속에 비치는 밝은 햇살을 발견했습니다. 주님께서 주시는 축복들에 대해 얼마나 감사했는지 모릅니다. 자녀인 브라이언과 도리안에 대해, 그 아이들의 어머니로서 누리는 기쁨에 대해, 삶 속의 다른 이들에 대해, 또 그들의 사랑과 도움에 대해, 특별한 기도 응답에 대해, 나뭇가지에 걸린 해를 바라보는 것과 같은 작은 기쁨들에 대해… 참으로 주님께 감사했습니다.

그리고 기쁨과 슬픔이 섞인 눈물을 흘리며 주님을 경배하고 찬양하는 시간을 많이 가졌는데, 이러한 경배와 찬양의 시간을 통하여 주님께서는 내게 훨씬 더 많은 축복을 베풀어 주셨습니다.

내가 주님께 사랑하는 이를 잃은 슬픔을 표현하면, 주님께서는 사랑의 말씀으로 마음을 위로하여 주셨고, 이를 통해 나는 엄청난 위로를 얻었습니다. 예를 들면 이사야 43:4 같은 말씀입니다. "내가 너를 보배롭고 존귀하게 여기고 너를 사랑하였은즉…." 그러면 나는 나를 지극히 사랑하는 주님께서 여전히 나와 함께 계신다는 사실이 얼마나 기쁜지를 주님께 말씀드리곤 했습니다. "주님, 제가 주님의 사랑을, 모든 사랑 중에 가장 뛰어난 사랑을 누릴 수 있으니 감사하고 감사합니다! 주님의 사랑은 아주 개인적이며 결코 다함이 없습니다. 그리고 제가 이 땅에서 가장 사랑하던 이가 줄 수 있었던 것보다 훨씬 더한 친밀함을 주님과 더불어 즐길 수 있으니 감사합니다. 왜냐하면 주님께서 제 안에 살아 계시며, 주님께서 밤낮으로 매순간 저와 함께 계시기 때문입니다." 인간적인 고독감을 겪으면서 나는 새로이 주님을 사랑하고 찬양하게 되었고, 이를 통해 주님께서는 슬픔 가운데서도 기쁨을 주셨습니다.

찰스 스펄전이 말했듯이 슬픔이 찬양의 멜로디를 망칠 수 없습니다. 슬픔은 단지 "하나님께 영광!"이라는 찬송의 베이스음일 뿐입니다.

달이 가고 해가 갔습니다. 그로부터 8년 후 하나님께서는 지금의 남편인 워렌을 나에게 보내 주셨습니다. 하나님께서는 내가 이전에 경험했던 것보다 더 깊은 기쁨, 특히 주님을 사랑하고 찬양하는 기쁨을 누릴 수 있도록 슬픔과 고독과 고난을 사용하신 것이라 생각되었습니다.

어쩌면 여러분도 하나님께서 어려운 상황을 사용하셔서 여러분을 하나님께로 더욱 가까이 이끄시며 여러분의 찬양을 부요하게 하시는 것을 이미 발견했을 것입니다.

찬양의 생활화

　이 찬양의 31일은 여러분이 형통할 때든지 시련을 당할 때든지 항상 하나님을 찬양하고 하나님께 감사하도록 돕기 위해 특별히 쓴 것입니다. 이 책을 통해 여러분의 찬양의 삶이 더욱 폭이 넓어지고 깊이가 깊어지리라 믿습니다. "범사에 우리 주 예수 그리스도의 이름으로 항상 아버지 하나님께 감사하며"(에베소서 5:20). 이 책은 여러분이 찬양을 생활화하며 발전시키도록 도와줄 것입니다.
　그러나 시작하기 전에 찬양이 무엇이며 왜 그토록 중요한지, 왜 재미있는 오락 시간보다 더 즐거운지를 살펴보도록 하겠습니다.

예배(경배)? 찬양? 감사?

성경을 보면 찬양과 예배(경배)와 감사는 서로 긴밀하게 연관되어 있는 것을 알 수 있습니다. 이 세 가지 모두를 통하여 우리는 하나님께 영광을 돌리며 하나님을 즐거워하게 됩니다.

예배(경배)는 찬란한 보석 두 개가 달려 있는 왕관에 비유할 수 있습니다. 하나는 찬양이라는 보석이요, 하나는 감사라는 보석입니다.

성경을 읽어 보면 사람들은 자신의 예배(경배)를 여러 가지 방법으로 표현했습니다. 두려워하고 경외하는 마음으로 하나님 앞에 절했습니다. 하나님을 높이고 그들의 헌신의 마음을 표현하기도 했습니다. 또 하나님께 특별한 예물을 드리기도 했는데, 제일 중요한 예물은 바로 그들 자신이었습니다.

이처럼 오늘날에도 여전히 예배(경배)에는 우리의 주님이시요 주인이신 하나님께 굴복하고 우리 자신을 내어 드리는 것이 포함되어 있습니다. 로마서 12:1에서 이 사실을 볼 수 있습니다. "그러므로 형제들아, 내가 하나님의 모든 자비하심으로 너희를 권하노니 너희 몸을 하나님이 기뻐하시는 거룩한 산제사로 드리라. 이는 너희의 드릴 영적 예배니라." 하나님께서는 우리에게 우리 몸을 하나님께 드리라고 요구하십니다. 우리 몸을 드린다는 것은 우리 삶을 드리는 것이요 우리의 전 존재를 드리는 것입니다. 이것이 우리가 드려야 할 참된 예배라고 말씀하십니다.

진정한 영적 예배에는 지극히 높으신 하나님 앞에 엎드려 절하는 것이 들어 있습니다. 예배는 하나님께서 긍휼과 은혜와 인자와 진실이 지극히 풍성하신 하나님이심을 인정하는 것입니다. 하나님을 나의 주님으로 인정하고 높이는 것입니다. 나의 왕으로 고백하는 것입니다. 또한 우리 삶 속에서 우리를 변화시키는 주님의 은혜로운 역사를 받아들이는 것입니다. 하나님께서 우리 속에서 일하시도록 허락하는 것입니다. 그렇게 할 때 우리는 즐거운 마음으로 주님의 뜻을 행할 수 있게 됩니다. 다른 말로 하면 우리 삶 속에서 하나님이 하나님 되심을 인정하고 사는 것입니다. 이 일은 우리가 받은 가장 큰 특권인 동시에 우리가 이 땅에서 할 수 있는 가장 고귀한 일입니다.

예배는 또한 하나님을 앙망하고 공경하고 높이고 송축하고 칭송하는 것입니다. 하나님께 고마움을 표현하는 것입니다. 우리에게 행하신 하나님의 능하신 일과 우리에게 베푸신 풍성한 축복에 대하여 우리가 얼마나 고마워하는가를 알려 드리는 것입니다. 따라서 예배에는 찬양과 감사가 들어 있습니다. 오랜 옛날부터 예배와 찬양과 감사 이 세 가지는 서로 어울려 하나님을 영화롭게 하고 하나님을 즐거워하는 데 꼭 필요한 아주 훌륭한 도구가 되고 있습니다. 때로는 말로, 때로는 노래로, 때로는 침묵으로 하나님께 대한 예배와 찬양과 감사를 표현합니다.

감사 기도를 통해 우리뿐 아니라 다른 이들에게 베푸신 주님의 사랑과 선하심에 대해 감사의 마음을 표현합니다. 주님의 끊임없는 자상한 돌보심에 감사합니다. 또한 우리에게 베풀어 주신 풍성한 영적 축복들을 포함하여 주님께서 주시는 온갖 선물에 감사를 드리게 됩니다.

찬양 기도를 통해 우리는 하나님이 누구신가에 대하여, 그리고 하나님께서 행하신 일에 대하여 하나님을 송축합니다. 찬양은 조용히 마음속으로 할 수도 있고, 소리 내어 할 수도 있습니다. 주님의 위엄과 영광, 주님의 절대주권, 주님의 무한한 능력, 주님의 무궁한 사랑을 보고 기뻐 뛰며 소리 높여 노래할 수도 있습니다. 찬양을 통해 우리는 놀라우신 하나님을 높입니다. 하나님을 찬송하며 영광을 돌립니다. 찬양은 직접 하나님께 표현하는 것뿐 아니라, 다른 사람들에게 하나님을 높이는 말을 하는 것도 찬양의 일부입니다.

이처럼 예배는 하나님께 우리의 삶을 드리고 하나님을 하나님으로 인정하고 높이는 가장 기본적인 행동이기에, 예배는 찬양과 감사라는 귀한 보석들로 아름답게 장식된 왕관이라고 할 수 있습니다. 이 보석들은 하나님의 영광을 발하고 하나님께 기쁨이 될 뿐 아니라 우리의 기쁨이 되기도 합니다.

그러므로 우리는 예배와 찬양과 감사를 자유롭게 한데 섞어서 하나님을 영화롭게 하는 것이 좋습니다. 말이 서투른지 유창한지는 중요하지 않습니다. "주님을 찬양합니다" 또는 "주님을 예배합니다"라고 하는 게 더 알맞은데 "주님, 감사합니다"라고 했다고 해서 하나님께서는 조금도 문제 삼지 않으십니다. 하나님께서는 마음을 보십니다. 하나님께서는 하나님만을 예배하며 영화롭게 하기를 원하는 사람들을 찾고 계십니다.

하나님은 누구신가, 하나님은 무엇을 하시는가, 하나님은 무엇을 주시는가, 이 세 가지에 대해 찬양과 감사를 드릴 때 우리의 예배는 더욱 풍성해질 것입니다.

성경을 보면 예배와 찬양과 감사를 드리도록 거듭거듭 격려하는 말씀들이 많이 있습니다.

> 이러므로 우리가 예수로 말미암아 항상 찬미의 제사를 하나님께 드리자. 이는 그 이름을 증거하는 입술의 열매니라. (히브리서 13:15)

> …오직 성령의 충만을 받으라. 시와 찬미와 신령한 노래들로 서로 화답하며 너희의 마음으로 주께 노래하며 찬송하며 범사에 우리 주 예수 그리스도의 이름으로 항상 아버지 하나님께 감사하며. (에베소서 5:18-20)

이 구절들을 보면 시편 34편에 나오는 다윗의 말이 생각납니다. "내가 여호와를 항상 송축함이여, 그를 송축함이 내 입에 계속하리로다"(1절). 그리고 시편 71편 기자는 이렇게 고백했습니다. "주를 찬송함과 주를 존숭함이 종일토록 내 입에 가득하리이다. 나는 항상 소망을 품고 주를 더욱더욱 찬송하리이다"(8,14절).

시편 기자들뿐 아니라 우리도 또한 능히 찬양과 감사가 충만한 삶을 살 수 있습니다.

항상 찬양? 범사에 감사?

이 글을 읽으면서 여러분은 "나도 하나님을 찬양하는 삶을 살아야지" 하고 결심했을지도 모르겠습니다. 그러면 찬양의 삶은 어떻게 하는 것일까요? 모든 상황에서 쉬지 않고 찬양하며 항상 감사한다는 게 무엇을 의미하는지 언뜻 이해가 잘되지 않을 수도 있습니다. 여러분의 진짜 감정은 찬양하고 감사하고 싶지도 않은데 그런 감정을 부인하고, "하나님을 찬양합니다"라든지 "주님, 감사합니다" 하고 말하라는 의미일까요? 예를 들어 돌부리에 채이거나 엄지손가락을 망치로 내려쳤을 때에도 무의식적으로 "주님, 감사합니다" 하는 반응이 튀어나와야 한다는 의미일까요? 감사를 느끼지 않는데도 감사하는 것은 부정직한 위선이 아닐까요?

이러한 질문에 답하는 데 여러 가지가 도움이 되었습니다.

먼저 성경은 우리에게 모든 상황에서 감사하게 '느끼라'고 명하지는 않는다는 것입니다. 성경은 긍정적인 감정을 억지로 만들어 내라고 명하지 않습니다. 대신 성경은 감사하라고 명합니다(데살로니가전서 5:18). 잭 미첼 박사는 그것을 이렇게 말하곤 했습니다. "여러분이 감사를 느끼지 않을 때 감사하는 것은 위선이 아닙니다. 그것은 순종입니다."

이것은 여러분의 부정적인 생각과 감정과 태도를 부정하고 마음속 어딘가에 안 보이게 꼭꼭 숨겨 놓아야 한다는 의미가 아닙니다. 또한 그것들을 억눌러 마음속 어디엔가 있는 깊은 동굴 속에 가두어 두어야 한다는 의미도 아닙니다. 부정하고 억눌러 버리면 당장은 해결된 것 같지만 다시 생각 속으로 몰래 들어와 지혜롭지 못한 선택을 하게 하며, 방어막을 뚫고 들어가 주위의 감정적 분위기를 더럽힐 것입니다.

성경을 보면 다윗을 비롯한 시편 기자들은 자신의 감정에 대해 아주 솔직했습니다. 그들은 그 감정을 마주 대하고 그대로 하나님께 아뢰었습니다. 하나님 앞에 마음을 쏟아 놓을 줄 알았습니다(시편 62:8). 먼저 하나님을 찬양하고 난 다음, 자신의 혼란스러운 감정과 당혹감, 그리고 불평까지도 표현한 적이 많습니다. 그러고 나서 계속 하나님을 찬양했습니다. 그들은 자신의 감정을 부정하거나 무시해 버리지 않았습니다. 또한 거의 죽을 지경에 이를 때까지 그러한 감정에 빠져 있지도 않았습니다. 그리고 감정이 정상으로 회복되고 좋아질 때까지 찬양을 미루지도 않았습니다. 대신 하나님을 높이는 진지한 찬양과 더불어 솔직하게 자기 감정을 쏟아 놓았습니다.

예를 들어 시편 42편을 보십시오. 시편 기자는 쫓겨나 압제를 받고 있을 때에 이 시편을 지었습니다. 그의 마음은 심히 상하고 낙망하며 불안해하였습니다. 사람들은 종일 그에게 "네 하나님이 어디 있느냐? 그가 살아 계신 참하나님이시라면 왜 너를 위해 아무것도 하지 않으시냐?" 하고 물었습니다. 시편 기자는 자기 마음이 얼마나 어려운지를 하나님께 말씀드렸습니다. 그러나 그렇게 할 때에도 하나님을 "생존하시는 하나님… 내 하나님… 생명의 하나님… 내 반석이신 하나님… 내 얼굴을 도우시는 하나님"이라고 부르면서 하나님을 높였습니다. 하나님에 대한 그의 호칭은 하나님을 높이고 영화롭게 하려는 마음을 보여 줍니다. 그리고 언젠가는 반드시 하나님의 집에 들어가 하나님을 예배하며 하나님께서 자기를 구속하여 주신 것에 대해 하나님을 찬양할 날이 올 것이라고 자기 영혼에게 확신시켰습니다. 비슷한 상황에서 쓴 시편 43편도 아주 특별한 방법으로 하나님을 높입니다. "하나님이여… 나의 힘이 되신 하나님… 나의 극락의 하나님… 나의 하나님이여 내가… 주를 찬양하리이다.… 나는 내 얼굴을 도우시는 내 하나님을 오히려 찬송하리로다."

시편 기자들의 본을 따라 자신의 느낌과 감정을 표현하되 상황이 어떻게 보일지라도 계속 찬양하기를 선택할 때 무슨 일이 일어날까요? 나는 나를 괴롭히는 감정의 노예 상태에서 주님께서 나를 해방시켜 주시는 것을 경험하곤 합니다. 왜 내게 이런 일을 허락하시는지 묻는 나의 질문에 주님께서 대답해 주시지 않을 수도 있습니다. 하지만 주님께서는 내 안에 있는 꽉 맺힌 감정의 매듭을 풀고 감정을 가라앉혀 주십니다. 때때로 찬양이 내적 자유와 기쁨을 쉽사리 가져다주지 않을 때는 이렇게 말씀드립니다. "주님, 제가 지난주(또는 지난해)처럼 주님을 찬양할 수는 없습니다. 저는 그때와 동일한 기쁨과 찬양의 감정으로 주님께 응답할 수는 없을 것 같습니다. 그러나 주님이 어떤 분이시며, 주님이 제게 어떤 의미를 가지시는가를 생각하며 주님을 찬양하고 높이기를 선택합니다."

삶이 그렇듯 찬양이 언제나 순전한 기쁨으로 가득 찬 축제인 것은 아닙니다. 사실 우리는 많은 상황에서 즐거운 감정과 즐겁지 않은 감정을 모두 경험합니다. 바울처럼 여러분도 근심하는 자 같으나 항상 기뻐할 수 있습니다(고린도후서 6:10 참조). 여러분은 이 타락한 세상에서 신음하며 괴로워할 수 있으나, 동시에 기뻐하기를 배울 수 있습니다. 여러분이 가진 소망으로 인하여, 여러분의 환난과 그것이 여러분의 삶 속에서 낳을 선한 것들을 인하여, 무엇보다도 먼저 오직 하나님 자신으로 인하여 기뻐하며 즐거워하기를 배울 수 있습니다(로마서 8:22-23, 5:2,3,11).

성령의 도우심

우리의 예배(경배)를 도와주는 손길이 있습니다. 곧 성령님이십니다. 성령님은 부활하신 주님께서 우리에게 보내 주신 놀라운 선물입니다. 우리 안에 거하셔서 우리에게 능력을 주도록 하기 위한 것입니다. 주님께서는 우리 앞에 찬양으로 충만한 이상적인 삶을 제시해 놓고 우리 혼자 성취하도록 버려두지 않으셨습니다. 우리 자신의 힘으로 이처럼 높은 목표에 다다를 수 있겠습니까? 우리의 육신적인 옛 생활 방식들이 자꾸만 우리를 끌어내리며 약화시킵니다. 우리는 크고 작은 시련들로 인해 고통을 당합니다. 우리에게는 자신을 의지하고 마음이 주님으로부터 벗어나 자기 마음대로 살려는 경향이 있습니다. 그러나 우리는 성령을 모시고 있습니다! 이것이 무엇을 의미하는지 생각해 보십시오.

우리 안에 계시는 성령은 끊임없이 솟아나는 샘물이십니다. 성령의 샘물은 우리를 신선한 생명, 영원한 생명으로 가득 채워 주며 그 생명을 충만히 누리게 합니다. 성령을 통하여 우리는 하나님의 존전으로부터 오는 신선함을 계속 경험할 수 있습니다. 성령으로 말미암아 성경을 이해하고 깨달을 수 있습니다. 또 하나님께서 그리스도 안에서 우리에게 거저 주시는 놀라운 축복들을 경험할 수 있습니다. 성령을 통하여 우리는 아버지와 아들과 한 생명으로 연합되어 있으며, 생명과 경건에 필요한 모든 것을 소유하게 되었습니다. 성령으로 말미암아 찬양에 필요한 모든 것, 이를 테면 위로, 격려, 말로 표현할 수 없는 기쁨, 차고 넘치는 소망, 사랑하고 섬길 수 있는 힘…을 소유하게 되었습니다.

그리고 찬양하고 감사할 수 있는 능력도 얻게 되었습니다. "…오직 성령의 충만을 받으라. 시와 찬미와 신령한 노래들로 서로 화답하며 너희의 마음으로 주께 노래하며 찬송하며 범사에 우리 주 예수 그리스도의 이름으로 항상 아버지 하나님께 감사하며"(에베소서 5:18-20). 우리는 성령으로 충만케 해 달라고 성령께 간청할 필요가 없습니다. 성령께서 오히려 그렇게 해 주기를 간절히 원하고 계시기 때문입니다. 우리는 성령 충만함을 받으려고 자신이 성령 충만을 받기에 합당하다는 것을 증명하려고 애쓸 필요가 없습니다. 대신 성령의 은혜로우신 영향과 통치 아래 살기로 동의하면서 성령께서 우리를 충만케 하시도록 내맡기기만 하면 됩니다. 그러면 성령께서 우리 안에서 놀라운 역사를 이루십니다. 성령께서는 우리 속에 하나님을 예배하고 찬양하고 감사하고자 하는 마음을 불러일으키고 일깨우며 능력을 주십니다.

찬양은 계발이 필요하다

하나님께서 우리에게 하나님을 찬양하는 삶을 살도록 요구하시고, 찬양을 통해 우리가 하나님을 더욱 풍성히 경험하게 되며, 우리 안에 성령을 모시고 있는데도 왜 우리는 그토록 쉽사리 찬양을 소홀히 할까요? 왜 벌이 꿀에 이끌리듯 항상 찬양에 이끌리지는 않는 걸까요?

우리는 오랫동안 주님을 예배해 왔습니다. 찬양이 얼마나 기쁜 일이며 찬양이 얼마나 믿음을 북돋아 주는지를 잘 알고 있습니다. 그런데 경건의 시간에조차도 뭐가 그리 바빠서 놀라우신 주님을 높이고 찬양하는 즐거운 시간을 갖지 못할까요? 왜 자주 일상생활의 압력으로 너무 분주하고 정신이 없어 찬양에 대해 까맣게 잊을까요? 그리고 왜 때로 일상생활의 시련 가운데서 찬양하기가 꺼려지는 것일까요? 사랑하는 누군가에 대한 걱정스러운 소식을 들을 때라든가, 어떤 큰 실망을 당할 때라든가, 화가 나거나 스트레스가 많이 쌓일 때라든가… 이런 때에는 찬양을 하지 못하는 경우가 많습니다.

  사탄의 주된 전략 중의 하나가 우리로 하여금 찬양하지 못하게 하는 것이기 때문일까요? 그렇지 않으면 단순히 우리의 육신이 우리를 지배해서 하나님을 영화롭게 하려는 마음을 꺾어 버리기 때문일까요? 둘 다 이유가 된다고 생각합니다. 사탄은 하나님께서 우리의 찬양을 기뻐하신다는 것을 알고 있기에, 우리의 찬양은 사탄을 기분 나쁘게 만듭니다. 사탄은 찬양이 우리에게 가져다주는 풍성한 유익을 몹시 싫어합니다.

  그 이유가 무엇이든 간에 호레이셔스 보나처럼 찬양이 우리의 삶이 되도록 기도해야 합니다.

> 오, 나의 주 하나님,
> 나의 삶을, 나의 삶의 모든 영역을
> 찬양으로 충만케 하사
> 나의 전 존재가
> 주님을 찬양하게 하소서.
>
> 입술로만 하는 찬양이 아니라,
> 마음으로만 하는 찬양이 아니라,
> 나의 삶 전체가
> 찬양으로 가득 차고
> 넘치게 하여 주소서.

찬송가 작가인 로버트 로빈슨은 이렇게 기도했습니다.

> 모든 복의 샘이신 주님,
> 오셔서 내 마음이 주님의 은혜를 노래하게 하소서.
> 영원히 솟아나는 자비의 샘물이신 주님,
> 큰 소리로 주님을 찬양하는 노래를 부르게 하소서.

성령의 임재와 능력이 우리에게 있고 또한 기타 필요한 모든 것을 하나님께서 공급하여 주심에도 불구하고 우리는 자동적으로 찬양하며 감사를 드리지는 않습니다. 또한 찬양의 삶을 위해 기도하기 시작하자마자 곧바로 찬양의 꽃망울이 맺히고 금방 활짝 피는 것도 아닙니다. 찬양이 자라고 있는 영적 정원에서 잡초를 뽑고 물을 주고 거름을 주어 비옥하게 할 때 찬양은 잘 자랍니다. 우리 영혼을 하나님의 말씀으로 먹이며 하나님의 길로 행하며 성령을 의지할 때 더욱 꾸준히 찬양을 하게 됩니다. 주님께서 존귀와 영광과 찬양을 받으시기에 얼마나 합당하신 분인가를 아는 지식에서 성장할수록 찬양은 더욱 부요해지고 더욱 자발적이 됩니다.

그러나 그럴 때조차도 찬양은 매일매일 우리의 삶에서 저절로 흘러나오지는 않습니다. 찬양의 습관을 들이고 가꾸기를 선택하며, 찬양의 삶을 부요하게 할 실제적인 조치를 해야 합니다.

찬양의 중요성

여러분이 찬양이라는 모험을 꾸준히 계속하도록 돕기 위해 찬양의 중요성을 좀 더 살펴보도록 하겠습니다. 찬양은 단지 우리가 마땅히 해야 할 의무인 것만도 아니며, 또한 하나님과의 동행에 즐거움을 더해 주는 부수물에 불과한 것도 아닙니다. 성경 말씀은 찬양이 왜 의무나 부수물 그 이상의 의미가 있는지 그 이유를 말해 줍니다. 찬양에 대한 자신의 관심과 동기가 줄어드는 것을 발견한다면, 다음 내용을 읽고 주님께서 다시 동기를 부여해 주시도록 기도하십시오.

찬양을 통해 믿음을 견고히 할 수 있다

찬양은 우리의 믿음을 표현하고 견고케 하는 기본적인 방법입니다. 믿음이 견고하게 된다는 것은 결코 작은 유익이 아닙니다. 성경은 처음부터 끝까지 믿음[신뢰]은 하나님께서 인간에게 기대하고 계시는 가장 기본적인 반응이요 응답이라는 사실을 보여 줍니다. 믿음은 하나님을 움직여 하나님 자신을 우리에게 나타내시게 합니다. 우리를 위해 우리 안에서 하나님의 능하신 일을 하게 합니다. 우리의 환경을 변화시키는 승리를 가져옵니다. 또한 비록 환경이 변하지 않을지라도 그 환경 가운데서 승리의 삶을 살도록 이끌어 줍니다.

이처럼 찬양은 우리를 믿음 안에서 강하게 해 주지만, 그렇다고 우리가 원하는 대로 하나님을 움직이는 마술적 주문과 같은 것은 아닙니다. 우리는 찬양을 통해 하나님께 대한 기본적인 신뢰를 가지고 마음의 눈을 하나님께 고정시킵니다. 찬양은 이러한 단순한 믿음의 응답 곧 하나님을 믿고 의뢰하기로 하는 단순한 선택에서 솟아나옵니다. 그리고 찬양은 하나님께 대한 우리의 믿음을 더욱 키워 줍니다.

찬양은 믿음에 이르는 지름길입니다. 다시 말하면 하나님께서 역사하실 것에 대해 하나님을 믿고 의지하는 확신에 이르는 지름길입니다. 우리가 이렇게 저렇게 믿음의 길을 벗어날 때, 찬양은 다시 믿음으로 돌아오게 하는 입체교차로 역할을 하는 적이 많습니다.

우리 부부는 끝마치지 못한 일들이 잔뜩 들어 있는 서류철을 볼 때 마음에 좌절감을 느끼고 이로 인하여 하나님을 믿고 의지하지 않는 불신에 빠질 때가 한두 번이 아닙니다. 이 서류철은 우리가 사람들에게 마땅히 해 주어야 할 일을 다하지 못했다는 것을 나타내 주기 때문입니다.

어느 날 밤 우리 부부는 싱가포르 항구와 접해 있는 모래사장을 산책하면서 함께 기도를 하고 있었습니다. 그런데 갑자기 남편이 미처 쓰지 못한 급한 편지 생각을 했습니다. 남편이 편지를 못한 것 때문에 걱정을 하니 나도 남편과 같은 기분이 되어, 혹시라도 편지가 늦어진 것 때문에 우리 편지를 기다리고 있는 친구 부부가 무슨 손해라도 당하는 게 아닐까 하고 걱정을 했습니다.

우리는 잠깐이지만 걱정에 빠져 있다가 정신을 차려 다시 기도하기 시작했습니다. 하나님의 절대주권과 무한하신 능력을 인하여 하나님을 찬양했습니다. 그리고 우리의 기도에 응답해 주시겠다고 약속하신 것을 인하여 하나님을 찬양했습니다. 그 다음 남편은 이 편지가 늦어진 것으로 인한 모든 결과를 하나님께서 주관해 주시도록 기도했고, 어쨌든 하나님께서 그것까지도 선한 결과로 바꾸어 주실 것을 믿고 하나님을 찬양했습니다.

찬양은 자비로우시고 전능하신 하나님, 우리의 실수보다 더 크신 하나님께 우리의 믿음을 고정시키도록 도와주었습니다. 처음에는 약간 흔들리는 믿음 가운데서 찬양을 하기로 선택했습니다. 하나님께서는 우리가 불신에서 벗어나 하나님께 대한 신뢰를 새롭게 하도록 해 주셨습니다. 찬양은 믿음의 길로 진입하는 길이 되었습니다.

그리고 남편은 늦었지만 편지를 썼습니다. 몇 주 후 친구로부터 답장을 받았습니다. 그 편지에는 "자네 편지를 받기 일주일

전까지만 해도 자네의 제안을 받아들일 준비가 되어 있지 못했었네"라고 씌어 있었습니다. 하나님께서는 우리의 늦어진 편지를 사용하셔서 오히려 편지가 알맞은 때에 도착하게 하셨습니다. 우리는 다시 주님께 찬양을 드렸습니다.

찬양을 통해 우리는 하나님께서 과거에 역사하신 것처럼 현재에도 역사하심을 믿는 믿음을 하나님께 나타내 보여 드릴 수 있습니다. 요셉이 겪은 고난을 생각해 보십시오. 그는 잔인하게도 형들에게 배반당했습니다. 형들은 그를 노예로 팔았습니다. 그의 영혼은 고통당하였습니다. 그는 애굽에서 모함을 당해 감옥에 갇혔습니다. 술 맡은 관원장이 그를 기억지 않고 잊어버려 다시 2년 동안 더 감옥에 있었습니다. 그러나 하나님께서는 이 모든 사건을 허락하셔서 선을 이루셨습니다. 하나님께서는 이 모두를 사용하셔서 요셉이 땅 위에서 가장 큰 나라의 총리가 되도록 준비시키셨습니다. 이를 통하여 하나님께서는 7년이나 계속된 기근 동안에 요셉과 그 가족을 포함하여 수많은 사람들의 생명을 구하셨습니다. 하나님께서는 적당한 때 적당한 곳에 요셉이 있게 하신 것입니다. 요셉은 과거에 일어난 모든 일을 어떻게 평가했습니까? 그는 형제들에게 이렇게 말했습니다. "당신들은 나를 해하려 하였으나 하나님은 그것을 선으로 바꾸사 오늘과 같이 만민의 생명을 구원하게 하시려 하셨나니"(창세기 50:20).

찬양을 통하여 우리는 사도행전 16장에 나오는 바울과 실라의 본을 따를 수 있습니다. 그들은 매를 맞고 옥에 갇혔습니다.

발에는 차꼬가 채워져 있었습니다. 그들은 고통과 불편을 호소하면서 찬양을 미룰 수도 있었습니다. 그러나 그러한 비참한 감옥 속에서도 밤중에 기도하고 하나님을 찬양하는 노래를 불렀습니다. 주님께서는 때에 맞게 특별한 지진을 통하여 그들을 풀어 주셨습니다.

또는 우리는 빌립보인들에게 쓴 편지에 있는 대로 바울의 본을 따를 수 있습니다. 수년 동안 감옥에 있으면서도 자기가 당하는 고난이 그의 간절한 소원 즉 복음의 진보를 이루고 있다는 사실을 확신하면서 주님 안에서 기뻐했습니다.

1세기와 마찬가지로 오늘날에도 찬양은 우리의 믿음을 키워주며, 우리와 우리의 상황을 변화시킬 뿐만 아니라, 우리 가까이 있는 사람들과 멀리 떨어져 있는 사람들 속에 사람과 환경을 변화시키는 그리스도의 능력이 임하게 합니다.

몇 년 전 나는 한 부인에 대한 글을 읽었습니다. 그녀는 헤어진 남편과 남편의 알코올 중독에 대해, 그리고 자기가 경험한 고독하고 고통에 찬 세월들에 대해 하나님께 감사하기 시작했습니다. 그녀는 계속 찬양하면서, 자신이 자기의가 강했으며 남편에 대해서 우월감을 가지고 있었다는 사실을 깨닫게 되었습니다. 그리고 자기 연민에 빠져 자기가 마치 순교자인 양 생각해 왔음을 깨닫게 되었습니다. 자신의 교만이 남편의 알코올 중독보다 더 나쁘다는 사실을 인정하고 자신의 죄를 자백했으며 계속 하나님을 찬양하고 기뻐하였습니다.

세월이 흘렀습니다. 그 여인과는 멀리 떨어져 있어 아무 연락도 없었던 남편이 예수님을 믿고 알코올 중독에서 해방되었습니다. 그는 아내에게로 돌아왔고, 함께 새로운 삶을 시작했습니다. 이 여인에게 있어서 찬양은 그녀와 그녀의 상황을 변화시키도록 도와주었습니다.

견디기 힘든 환경에서 하나님의 특별한 역사가 전혀 나타나지 않는 것처럼 보일 때, 찬양은 다른 시야와 관점으로 자신의 상황을 바라보도록 도와줍니다. 찬양은 지친 영혼으로 안식과 평안을 누리게 하며, 독수리의 날개 치며 올라감 같은 새로운 힘이 솟게 합니다. 먹구름이 덮여 있던 마음과 얼굴에서 먹구름이 가시고 기쁨의 햇살이 비치게 합니다. 이와 같이 찬양은 우리 자신을 새롭게 변화시킵니다.

우리 자신의 이러한 변화는 주위의 상황을 변화시키도록 도와줍니다. 왜냐하면 우리가 새로운 태도를 갖게 되면 사람들은 우리에게 다르게 반응하게 되기 때문입니다. 우리는 그들에게 창조적이고 긍정적인 영향을 끼치기 시작합니다.

이와 같이 찬양은 우리로 승리의 삶을 살게 할 뿐 아니라, 우리의 눈으로 보기에 분명 패배로 보이는 것에 대해서도 하나님의 관점으로 볼 때 승리로 바꿀 수 있게 합니다. 찬양은, 우리의 믿음을 부수며 우리의 사랑을 가로막는 유혹의 음성에 귀 기울이지 않게 합니다. 찬양은 하나님의 자비한 음성에 귀 기울이게 하며, 우리가 해야 할 행동이 무엇인지를 분별할 수 있게 합니다.

참된 찬양은 무조건적입니다. 찬양은 하나님을 조종하여 우리가 바라는 결과를 낳게 하는 수단이 아닙니다. 대신 우리의 상황을 있는 그대로 받아들이도록 도와줍니다. 하나님께서 우리의 상황을 변화시키시든 그렇지 않으시든 계속적인 찬양은 다음과 같이 말할 수 있는 데까지 이르도록 도와줍니다. "하나님 아버지께서 이 문제를 통하여 제 안에서, 그리고 다른 사람 안에서 행하기 원하시는 것을 다 이루시기까지는 아버지께서 이 문제를 제거하시지 않기를 원합니다."

찬양을 통해 하나님의 임재를 경험할 수 있다

시편 22:3을 보면 하나님을 가리켜 "이스라엘의 찬송 중에 거하시는 주"라고 표현합니다. 어떤 번역본은 하나님께서 우리의 찬송 위에 좌정하여 계신다고 말합니다. 찬양을 통해 우리는 하나님을 우리 삶과 환경에서 보좌에 모시게 됩니다. 그리고 하나님께서는 특별한 방법으로 자신의 임재를 나타내십니다.

TV나 라디오를 켜든 켜지 않든 전파가 늘 우리 주위에 있는 것처럼 때로 하나님의 임재가 분명하지 않을지라도 하나님께서는 늘 우리 안에 계시고 우리와 함께 계십니다. 찬양은 마음의 버튼을 눌러 하나님의 능하시고 영광스러우며 충만하신 임재에 주파수를 맞추는 것입니다. 그 결과 우리는 하나님으로 차고 넘치게 됩니다. 우리의 삶은 주연 배우이신 주님께서 사랑과 능력으로 우리에게 자신을 계시하시며 우리와 및 우리와 관계된 사람들에게 복을 주시는 무대가 됩니다.

1960년 첫 남편 딘이 암으로 홍콩의 병원에 입원했습니다. 그때에 찬양이 남편의 삶에서 새롭게 중요성을 띠었습니다. 그는 찬양을 통해 병실을 하나님을 예배하는 특별한 처소로 만들기로 결심했습니다.

내게 이렇게 말했습니다. "나는 하늘나라에서 영원토록 하나님을 찬양하게 되겠지요. 하지만 고통 가운데서도 하나님을 찬양함으로 하나님을 기쁘시게 해 드리고 싶어요. 이 땅에서만 누릴 수 있는 나의 마지막 특권이지요."

몇 달 후 남편이 세상을 떠났을 때 그의 가까운 친구가 영결예배를 인도했습니다. 그는 그 자리에 모인 사람들에게 이렇게 말했습니다. "딘의 병실은 지성소와 같았고, 병상은 설교단과 같았으며, 병문안 왔던 이들 모두 큰 축복을 받았습니다."

찬양을 했다고 해서 딘의 암이 나은 것은 아니었습니다. 그러나 찬양과 믿음을 통하여 딘은 고통스런 상황 가운데서 하나님의 임재를 체험하고 새로운 기쁨을 맛보았으며 살아 있을 때와 마찬가지로 죽을 때에도 하나님께 영광을 돌렸습니다.

찬양을 통해 하나님의 능력을 경험할 수 있다

기도하고 찬양할 때 우리는 하나님의 임재뿐 아니라 하나님의 능력도 경험할 수 있습니다. 흔히 기도는 하나님의 능하신 손을 움직이는 가느다란 신경과도 같다고들 합니다. 믿음으로 드리는 간절한 기도는 그것이 어떤 형태이든 하나님의 능력이 우리의 삶과 상황 속에 임하게 하지만, 특히 찬양의 기도는 더욱 그렇습니다.

찬양과 감사는 우리로 넓고 곧게 뻗은 평탄한 '대로' 즉 고속도로를 만들 수 있도록 도와줍니다. 그 길로 주님께서는 우리를 구속하시고 복 주시기 위해 아무런 방해도 받지 않고 달려오실 수 있습니다. 우리는 이것을 시편 68:4에서 봅니다. "하나님께 노래하며 그 이름을 찬양하라. 타고 광야에 행하시던 자를 위하여 대로를 수축하라. 그 이름은 여호와시니 그 앞에서 뛰놀지어다." 시편 50:23은 이렇게 말합니다. "감사로 제사를 드리는 자가 나를 영화롭게 하나니 그 행위를 옳게 하는 자에게 내가 하나님의 구원을 보이리라."

역대하 20장의 놀라운 이야기를 묵상해 본 적이 있습니까? 하나님의 백성이 찬양하며 기도할 때 어떤 일이 일어나는지를 보여 주는 훌륭한 예입니다.

이 장은 하나님의 백성을 공격해 온 엄청난 적들과의 극적인 싸움을 설명합니다. 여호사밧왕은 두려웠습니다. 그래서 사람들을 모아 함께 기도하게 했습니다. 그는 찬양으로 시작했습니다. 땅의 모든 나라를 다스리시는 통치자로서의 하나님을 높였습니다. 하나님께서는 능력이 있으셔서 아무도 하나님을 대항할 수 없다고 아룁니다. 그는 과거의 승리들을 인하여 하나님을 찬양합니다. 그 다음 주님 앞에 자신의 긴급한 문제를 꺼내 놓았습니다. "우리 하나님이여, 저희를 징벌하지 아니하시나이까? 우리를 치러 오는 이 큰 무리를 우리가 대적할 능력이 없고 어떻게 할 줄도 알지 못하옵고 오직 주만 바라보나이다"(12절). 즉각 주님의 응답이 왔습니다. "온 유다와 예루살렘 거민과 여호사밧왕이여, 들을지어다. 여호와께서 너희에게 말씀하시기를 '이 큰 무리로 인하여 두려워하거나 놀라지 말라. 이 전쟁이 너희에게 속한 것이 아니요 하나님께 속한 것이니라'"(15절). 그 응답으로 여호사밧과 백성들은 하나님 앞에 엎드려 경배하고 더욱 하나님을 찬송하였습니다. 여호사밧이 두 번의 풍성한 찬양과 경배 사이에 도움을 요청하는 기도를 아주 간단히 넣은 것을 주목하십시오.

다음날 여호사밧의 군대는 하나님을 믿고 찬양하며 적을 맞으러 나아갔습니다. 그들이 노래와 찬송을 시작할 때 하나님께서 복병을 두어 적군을 치셨고 적군은 전멸되었습니다. 살아 도망한 자가 하나도 없었습니다.

그 결과는 무엇입니까? 엄청난 대승이었습니다. 적진에서 발견한 보물과 재물을 거두어 가는 데에만 사흘이나 걸렸습니다.

하나님의 능하신 손을 움직인 열쇠는 무엇이었습니까? 많은 찬양, 간단한 간구, 하나님의 말씀에 대한 믿음, 그 다음 믿음의 표시로서의 경배와 더 많은 찬양입니다. 일찍이 여호사밧의 조부 아비야가 유다 왕국을 다스릴 때 있었던 한 전쟁에서도 유사한 일이 있었습니다. "그때에… 유다 자손이 이기었으니 이는 저희가 그 열조의 하나님 여호와를 의지하였음이라"(역대하 13:18).

찬양은 우리 삶 속에서 하나님의 능하신 손을 움직이는 데 아주 중요한 역할을 합니다. 찬양은 구원을 가져올 뿐 아니라 우리를 부요하게 하고 하나님의 이름에 영광을 돌리게 합니다.

찬양을 통해 시련으로부터 더 많은 유익을 얻을 수 있다

왜 시련 중에도 찬양과 감사를 드려야 합니까? 물론 우리에게 일어나는 모든 일이 다 좋기 때문은 아닙니다! 어렵고 힘든 상황 속에서도 찬양을 해야 할 이유가 로마서 8:28에 나와 있습니다. "우리가 알거니와 하나님을 사랑하는 자 곧 그 뜻대로 부르심을 입은 자들에게는 모든 것이 합력하여 선을 이루느니라."

찬양을 통해, 우리 자신을 괴롭히는 부정적인 환경이 사실은 위장되어 있는 하나님의 축복이요 은혜라는 사실을 깨닫게 됩니다. 우리가 당하는 시련은 우리에게서 자기만족과 자만심이라는 얄팍한 천을 걷어내 버립니다. 이렇게 한 후에야 성령께서는 우리 삶 속에 참되고 견고한 확신을 넣어 주실 수 있습니다. 바울은 그러한 확신을 빌립보서 4:13에서 이렇게 표현했습니다. "내게 능력 주시는 자 안에서 내가 모든 것을 할 수 있느니라."

불이 정련되지 않은 은을 녹여 불순물을 표면에 떠오르게 하듯이, 시련은 우리 속에 들어 있는 '불순물'이 우리 삶의 표면에 떠오르게 합니다. 시련 중에서 하나님을 찬양할 때 우리는 그 찌꺼기를 제거하기 위하여 주님과 함께 일하는 것입니다. 우리가 불평할 때 이는 주님의 계획에 저항하는 것이며, 그 불순물은 우리 속으로 다시 침투해 들어오게 됩니다. 이렇게 되면 하나님께서는 자신의 선한 목적을 이루기 위해 우리에게 또 다른 시련을 보내거나 허락하셔야 할지도 모릅니다. 그것은 우리와 우리의 사랑하는 이들을 위한 하나님의 선하신 계획의 성취를 지연시킬 수도 있습니다.

찬양을 통해 우리는 하나님께 관심을 집중합니다. 찬양을 통해 하나님을 우리 힘의 원천으로 인정합니다. 찬양을 통해 새로운 시야로, 다시 말하면 하나님의 시야로 자신의 문제를 바라보게 됩니다. 찬양할 때 그 문제를 능력이 한이 없으신 하나님과 비교하게 됩니다. 찬양할 때 그 문제를 산이 아니라 작은 언덕으로 보게 되며, 장애물이 아니라 기회로 보게 되며, 걸림돌이 아니라 디딤돌로 보게 됩니다. 찬양할 때 그 문제를 새로운 승리를 위한 전주곡으로 여기며, 하나님의 기적을 만들어 내기 위한 자원으로 삼게 됩니다.

찬양은 야고보서 1:2-4에 있는 하나님의 명령에 순종하도록 도와줍니다. "내 형제들아, 너희가 여러 가지 시험을 만나거든 온전히 기쁘게 여기라. 이는 너희 믿음의 시련이 인내를 만들어 내는 줄 너희가 앎이라. 인내를 온전히 이루라. 이는 너희로 온전하고 구비하여 조금도 부족함이 없게 하려 함이라." 다른 번역본으로도 읽어 봅시다. "온갖 시련과 시험이 여러분 삶 속에 몰려들어 올 때 이를 침입자로 생각하여 분을 내지 말고 친구로서 환영하십시오. 그것들은 여러분의 믿음을 시험하여 여러분 속에 인내의 자질을 낳게 한다는 것을 깨달으십시오. 인내가 온전히 계발될 때까지 그 과정을 계속하십시오. 그러면 여러분은 성숙한 인격을 가진 사람, 아무 약점도 없는 온전한 사람이 될 것입니다"(필립스 역). 찬양은, 우리의 삶 속에서 역사하사 우리를 성숙케 하시는 하나님의 일을 촉진시키는 촉매입니다.

찬양을 통해 생명이신 그리스도를 경험할 수 있다

"우리 생명이신 그리스도께서 나타나실 그때에 너희도 그와 함께 영광 중에 나타나리라"(골로새서 3:4). 여기에 보면 "우리 생명이신 그리스도"라는 말씀이 있습니다. 이는 아주 중요한 진리입니다. 이 말씀은 나의 생명이 그리스도의 것일 뿐 아니라 나의 생명은 곧 그리스도이시라는 의미입니다. 얼마나 놀라운 진리인지 모릅니다! 그리스도가 바로 나의 생명이십니다! 그리고 여러분의 생명도 되십니다! 그리스도가 누구시며 어떤 분이신지를 생각해 보십시오. 그 다음 주님을 우리의 생명으로 소유한다는 게 무엇을 의미하는지 생각해 보십시오. 우리가 주님께 순종하고 주님을 사랑하며, 힘 있는 삶을 살고, 기쁨의 삶을 사는데 어떤 의미가 있는지를 생각해 보십시오. 나는 거듭거듭 "그리스도께서 나의 생명이시라니요? 하나님 아버지, 감사하고 감사합니다"라고 단순히 말함으로써 쉼과 힘을 얻곤 합니다.

찬양은 내가 이 진리를 경험하는 데 아주 훌륭한 수단이 되고 있습니다. 찬양은 나의 믿음을 자극하여 엄청난 일이 내 심령 깊숙한 곳에서 일어났다는 사실을 믿도록 도와줍니다. 하나님께서는 아들의 생명을 내 속에 주셨습니다! 순결하시고 거룩하시며 인자하시고 능하신 독생자에 대하여 하나님 아버지를 찬양할 때, 나는 그분이 내 안에서 하고 계신 일에 대해서도 찬양할 수 있습니다.

하나님께서는 이 '삶을 변화시키는' 진리를 내가 삶에서 더욱 경험하도록 하기 위해 로마서 6장을 사용하셨고, 해를 거듭할수록 성령께서는 나로 하여금 그 의미를 더 깊이 이해할 수 있도록 해 주고 계십니다. 나는 지금도 계속 배우고 있는 중입니다. 잠시 로마서 6장 말씀이 어떻게 나를 도와주었는지를 함께 나누고 싶습니다.

로마서 6장을 이해하기가 그리 쉽지 않다고 생각합니까? 나도 그렇습니다. 남편 워렌은 로마서 6장의 의미를 깨닫게 해 달라고 기도한 지 9년 만에 비로소 주님께서는 이 장을 진정으로 깨닫게 해 주셨다고 말한 적이 있습니다. 성령께서 여러분에게 6장의 의미를 깨닫게 해 주시기를 기도합니다. 여러분 중에 이미 그 장의 진리를 이해하고 풍성히 경험하고 있는 사람이라면 더욱 깊이 이해하고 경험하게 해 주시기를 기도합니다. 다음 내용은 읽어 나가기가 그리 쉽지 않을지도 모르겠습니다. 그러므로 읽기 전에 성령께서 가르쳐 주시도록 기도하십시오.

시작하기 전에 먼저 로마서 6장은 '죄에 대하여 죽었다'는 것이 죄가 더 이상 우리에게 영향을 끼치지 않는다든가, 또는 죄가 더 이상 우리에게 호소력이 없다는 의미라고 가르치고 있지는 않습니다. 또한 우리 자신을, 누가 발로 차고 밟아도 아무것도 느끼지 못하고 성내지도 않으며 대들지도 않는 시체로 보라고 말하고 있는 것도 아닙니다. 이 장은 우리가 죄에 대하여 죽었다고 말하지만, 사실 살아 있는 우리, 그리스도의 부활의 생명으로 살아 있는 우리에게 더 관심을 집중하고 있습니다. 이런 내용을 11절에서 봅니다. "이와 같이 너희도 너희 자신을 죄에 대하여는 죽은 자요 그리스도 예수 안에서 하나님을 대하여는 산 자로 여길지어다."

이 구절의 문맥을 보십시오. 앞에서 바울은 우리가 어떤 사람인가에 대하여 말했습니다. 이는 자연적인 출생으로 말미암은 것이 아니라 영적인 출생으로 말미암은 것입니다. 우리가 성령으로 태어났을 때 그리스도와 하나가 되었습니다. 그리스도와 연합하였습니다.

이것이 우리에게 무엇을 의미합니까? 이는 우리가 그리스도의 죽음에 참여하였고, 그 죽음이 우리에게 주는 모든 은혜에 참여하는 자가 되었다는 의미입니다. 우리는 모든 죄에서 자유케 되었습니다. 왜냐하면 우리가 '죄에 대하여 죽었기' 때문입니다. 우리는 더 이상 죄의 지배 아래 있지 않습니다.

그러나 기적은 거기에서 멈추지 않습니다. 그리스도께서 새로운 생명으로 살리심을 받았기 때문에 우리도 새로운 생명을 가진 새로운 사람으로 그분과 함께 살리심을 받은 것입니다. 하나님께서는 죄와 영적 사망이 있는 사탄의 나라로부터 우리를 구해 내어 "새 생명"이 있는 곳 곧 그리스도의 나라로 우리를 들어

올리셨습니다. 그리스도의 나라에서 우리는 부활하신 우리 주님의 생명으로 살아 있습니다. 그리고 우리는 그분의 생명으로 살아 있기 때문에 그분의 의로 의롭습니다(고린도후서 5:21).

그러면 죄에 대하여 죽었다는 것은 무엇을 의미합니까? 죽음이란 결코 소멸되는 것을 의미하지 않습니다. 그것은 분리되는 것을 의미합니다. 이제 우리는 죄에 대하여 죽었기 때문에 죄로부터 분리되었습니다. 따라서 죄가 더 이상 우리의 본성이 아니며, 더 이상 죄가 우리를 주관하게 해서는 안 됩니다. 로마서 7장에 따르면, 죄는 여전히 우리 안에 거합니다. 죄악 된 옛 습관들이 우리 안에 여전히 남아 있습니다. 우리는 여전히 죄를 범할 가능성을 지니고 있습니다. 그러나 우리는 자신을 십자가와 빈 무덤에 비추어 바라보아야 합니다. 십자가와 빈 무덤이 우리의 옛 사람과 새 사람 사이에 강력한 장벽으로 서 있습니다. 그것들은 일종의 강력한 봉쇄선 기능을 하여 우리의 죄악 된 습관들이 우리의 새 사람을 침범하지 못하도록 막아 줍니다. 그것은 과거의 우리와 현재의 우리, 이전의 죄와 새로운 의, 사망과 생명 사이에 움직일 수 없는 경계선을 형성합니다.

따라서 우리는 죄에 대하여 죽었고 하나님에 대하여 살았습니다. 이것은 환상이 아니라 사실입니다. 그게 진정한 우리의 본질입니다. 우리의 속사람의 존재 방식입니다. 이 속사람 속에 성령께서 거하고 계시며 우리의 생명이신 그리스도께서 함께하십니다.

그것은 죄가 이제는 더 이상 우리를 유혹하지 않는다는 의미가 아닙니다. 죄는 우리를 지배하기 위해 우리 안에서 성령에 대항하여 싸웁니다. 그리고 죄는 교활하고 빈틈이 없습니다. 죄는 우리의 충성을 받을 만한 주인인 척합니다. 죄는 자신이 마치 우리의 일부인 체합니다. 그러면서 우리를 위하여 가장 좋은 것이 무엇인지에 대해 관심 있는 듯 행동합니다. 그리하여 마침내 우리가 죄의 요구에 굴복하거나 죄가 던진 미끼를 삼키면, 죄는 우리의 양심을 마비시키거나 우리를 더럽힙니다. 그러고는 우리가 주님께 자백한 후에도 우리를 움켜잡은 손을 놓지 않습니다. 우리 속에 거하는 죄는 온갖 방법을 다 써서 우리에게 고통과 갈등과 패배를 일으킵니다.

그러나 하나님의 관점에서 볼 때 죄를 짓는 것은 바로 우리의 속사람이 아니라 우리 안에 여전히 살고 있는 죄입니다(로마서 7:17,20). 죄는 이제 더 이상 우리의 새 성품이 아닌, 우리의 죄악 된 옛 습관들로부터 나옵니다. 진짜 당신, 진짜 나는 죄를 미워하며 죄와 대항합니다. 진짜 당신은 죄가 이길 때 고통하며, 당신의 모든 성품이 그리스도의 형상으로 변화하기를 갈망하고 있습니다. 진짜 당신은 죄에 대하여 죽었고 하나님께 대하여 살았습니다.

우리가 육체적으로 죽을 때 일어날 일을 마음속에 그려 보십시오. 즉각 그리스도와 함께 거하게 될 것입니다(고린도후서 5:8). 자신의 모든 죄악 된 경향들, 자신의 모든 옛 습관들을 뒤로 하고 떠날 것입니다. 그리고 그리스도께서 다시 오실 때 그분은 우리에게 썩지 않고 영광스럽고 강하고 신령한 새로운 몸을 주실 것입니다. 그것은 죄와 사망으로부터 완전히 자유로운 몸입니다(고린도전서 15:42-44).

우리가 그때에 죄의 형벌과 권세로부터의 자유를 경험하게 될 것을 생각해 보십시오. 죄에 대하여 죽고 하나님께 대하여 살게 될 것을 상상해 보십시오. 그런데 놀라운 사실은, 우리 안에 있는 그리스도의 생명으로 말미암아 새로운 피조물이 된 우리에게 이것은 이미 영적으로 일어났다는 것입니다. 이것은 거짓이 아닙니다. 하나님께서는 그것이 사실이라고 말씀하십니다. 따라서 그것은 사실입니다.

하나님께서는 우리가 자기를 믿기를 원하십니다. 하나님께서는 우리가 우리 자신을 죄에 대하여는 죽은 자요 하나님을 대하여는 산 자로 여기라고 말씀하십니다. 하나님께서는 우리가 새로운 본성, 새로운 신분을 가지고 있다는 사실을 믿기 원하십니다. 우리 안에는 근본적인 변화가 일어났습니다. 그러므로 이제 더 이상 우리의 옛 신분, 옛 본성, 과거의 우리와 동일시해서는 안 됩니다. 그리스도께서 생명과 능력에서 아버지와 하나이시므로 우리도 생명과 능력에서 그리스도와 하나입니다. 죄는 더 이상 우리의 본질이 아닙니다. 죄는 더 이상 우리의 주인이 아닙니다. 우리는 죄에 대하여 죽고 하나님께 대하여는 살아 있는 새 사람들입니다.

그것을 이렇게 생각해 보십시오. 우리는 이전에 애벌레였습니다. 우리는 그리스도의 죽음이라는 고치 속에 들어갔고, 마침내 그분의 부활을 통하여 한 마리 나비가 되어 나왔습니다. 이제 조금씩 우리가 그리스도를 따를 때, 우리의 생각하고 느끼고 선택하고 살아가는 방식도 변화되고 또한 자유롭게 되고 있습니다. 그리고 우리는 서서히 죽어 가는 자신의 약하고 죄악 된 육체가 부활하신 주님의 몸과 같이 영광스럽고 빛나는 육체로 변화될 그날을 기다리고 있습니다.

이 사실에 대해 하나님께 감사하고 찬양할 때 우리는 하나님의 시야로 자신을 보게 됩니다. 이것은 아주 중요합니다. 왜냐하면 우리가 자신을 어떤 사람으로 보든지 그 사람처럼 살기 때문입니다. 이러한 진리가 우리로 우월감을 느끼게 하지는 않습니다. 오히려 보다 온전한 순종의 삶을 살게 하는 토대가 됩니다.

단순히 이렇게 말씀드리십시오. "하나님 아버지, 감사합니다. 내가 그리스도와 함께 십자가에 못 박혀 죽었으므로 이제는 내가 사는 것이 아니라 내 안에 그리스도께서 살고 계십니다. 지금 이 순간 내가 육체 가운데 사는 것은 나를 사랑하사 나를 위하여 자기 몸을 버리신 하나님의 아들을 믿는 믿음 안에서 사는 것입니다. 이제 하나님의 뜻을 행하기 위하여 나의 모든 지체를 의의 병기로 하나님께 드립니다. 내 안에 계신 그리스도께서 내 안에 있는 죄보다 한없이 크시고 능력이 많으시니 하나님을 찬양합니다. 그리스도께서 죄에서 나를 자유케 하셨으니 감사드립니다. 그리고 저를 끌어내리려는 죄보다 주님의 부활의 생명이 더 힘이 강한 것을 인하여 감사드립니다(갈라디아서 2:20 참조)."

하나님께서 우리의 새로운 출생과 새롭고 영원한 영적 생명을 통하여 우리 안에서 이루신 엄청난 변화를 인하여 자주 하나님을 찬양하십시오. 이 생명은 그리스도 안에서 우리의 것이 되었습니다. 이러한 찬양은 우리 자신을 새 사람으로 보도록 도와주며, 나아가 하나님께서 우리를 위해 마음속에 계획하고 계신 새로운 삶을 살도록 도와줍니다.

성령께서는 로마서 6장의 진리들을 포함하여 성경의 진리들로 우리 마음을 흠뻑 적시기를 원하십니다. 우리가 그 진리들을 묵상하고 찬양으로 응답할 때, 성령께서는 하나님께서 이미 우리에게 주신 것을 우리가 하나님께 구걸하는 잘못을 범하지 않게 해 주십니다. 물론 성령께서는 우리가 기도하기를 원하십니다. 기도는 성령의 역사에서 기본입니다. 그러나 성령께서는 우리가 하나님의 진리를 올바로 이해하며 하나님을 찬양하는 마음으로 기도하기를 원하십니다.

우리는 흔히 어떻게 기도합니까? 우리는 승리의 주님이신 그리스도께서 우리 안에 계심에도 불구하고 승리를 달라고 간청합니다. 성령께서 이미 우리 안에 거하고 계시는데도 불구하고 마치 그렇지 않은 듯이 성령을 달라고 간청합니다. 성령께서 이미 우리 안에 거하시면서 우리를 충만케 하시고 주관하시며 우리 삶 속에서 성령의 열매를 맺기 위해 우리가 자원함으로 성령께 순복하기를 원하고 계시는데도 말입니다. 우리는 영적, 감정적 자원들이 외부에서 주어지는 보너스인 양 그것들을 달라고 기도합니다. 우리는 하나님께서 이미 그리스도 안에서 하늘에 속한 모든 신령한 복으로 우리에게 복 주셨다는 사실을, 또한 하나님의 신기한 능력으로 생명과 경건에 속한 모든 것을 우리에게 주셨다는 사실을 잊고 있습니다(에베소서 1:3, 베드로후서 1:3 참조). 그 모든 것을 우리의 것으로 누리는 것은 하나님의 자녀인 우리가 태어나면서 받은 특권입니다. 주님께서는 이미 우리에게 "나는 생명의 떡이요, 생명의 물이요, 생명의 빛이다. 나는 길이요 진리요 부활이요 생명이다. 나는 네가 필요로 하는 모든 것이다"라고 말씀하셨는데도, 우리는 이러한 것들을 달라고 주님께 부르짖습니다. 주님께서는 우리가 이렇게 응답하기를 원하십니다. "감사합니다, 주님. 주님께서는 나의 모든 것입니다. 나는 주님만으로 충분합니다. 오늘 이 시간, 이 순간, 주님만으로 만족합니다. 주님께서 내 안에 계시니 부족한 것이 없습니다. 나의 필요를 채우고 나아가 다른 사람들의 필요를 채우기 위해 내 안에 계신 주님의 생명, 주님의 사랑과 인내, 주님의 온유와 인도와 능력을 의지합니다."

감사로 찬양할 때 우리의 원천이신, 우리 안에 계신 그리스도를 더욱 깊이 경험하게 됩니다. 우리가 다른 사람들을 사랑하고 섬기기 위해 자신을 내어 줄 때, 주님께서는 끊임없이 우리를 충만케 하시고 우리의 자원을 다시 채워 주십니다.

C. S. 루이스는 휘발유로 가도록 만든 자동차는 다른 것으로는 제대로 가지 못할 것이라고 했습니다. 마찬가지로 하나님께서는 우리가 하나님으로 살아가도록 만드셨습니다. 하나님만이 우리의 인생이라는 자동차의 연료이시며 우리의 영의 양식이십니다. 우리는 본래 그렇게 설계되고 제작되었습니다. 그래서 하나님을 떠나 다른 데서 능력과 만족을 구하려고 해 보았자 소용

없습니다. 그러한 곳은 없습니다. 그리고 하나님께서는 우리 주 예수 그리스도와의 연합을 통해 하나님의 생명과 능력을 우리에게 주셨습니다.

우리의 관심을 그리스도께로 돌려 충만하신 그리스도만을 바라봅시다. 그리고 우리의 생명이신 그리스도를 찬양합시다. 어찌 그분을 찬양하지 않고 견딜 수 있겠습니까?

찬양을 통해 하나님의 살아 계심을 나타내 보여 줄 수 있다

우리 시대에 널리 퍼져 있는 세계관은 무엇입니까? 많은 사람들은 자연주의라는 안경을 통해 삶을 바라봅니다. 모든 것은 자연적인 원인에 의해 설명될 수 있고, 만일 어떤 초자연적인 영역이 있다 하더라도, 그것은 자연적인 세계나 우리의 매일매일의 삶에 아무 영향을 미치지 못한다는 신념입니다.

이러한 사고방식의 한 주된 결과가 세속주의입니다. 그것은 우리 시대에서 아주 널리 수용된 인생관 중의 하나입니다. 세속주의는 하나님과 하나님의 뜻은 우리의 삶과 아무런 관계가 없다는 신념입니다. 세속화된 사람들에게 있어서 정말로 중요한 것은 오직 인간적이고 물질주의적인 관심사입니다. 그래서 그들은 하나님께 무관심하거나 하나님을 실질적으로 거부하며, 오직 이 세상과 이 세상이 주는 보상만을 위하여 살아갑니다.

찬양하며 기도할 때 우리 자신의 삶과 환경을 통해 인격적인 하나님, 살아 계셔서 이 온 우주와 우리 삶을 다스리시며 주관하시는 하나님의 존재를 사람들에게 나타내 보여 줄 수 있습니다. 하나님을 찬양할 때 우리는 하나님께서 우리의 매일의 상황과 관심사에 개입하시고 통치하신다는 사실을 더욱 분명히 깨닫게 됩니다. 이를 통해 아직까지도 우리의 사고방식에 달라붙어 있는 잘못된 가치관과 인생관을 씻어 냅니다. 또한 주위 사람들에게 하나님의 살아 계심을 더욱 분명하게 드러내 줍니다.

하나님의 말씀에 뿌리를 둔 찬양, 영광의 하나님께 무릎 꿇고 경배하는 찬양, 이 찬양은 또한 세속적인 가치관으로부터 우리를 구하여 줍니다. 찬양은 우리의 관심을 영원한 영적 가치관으로 돌려놓습니다. 세상은 고통과 불편과 지연을 싫어하는데, 찬양은 우리 시대에 만연되어 있는 쾌락과 성공 제일주의로부터 벗어나게 해 줍니다. 그리고 찬양은 하나님께서 우리의 삶에서 행하시거나 허락하시는 것에 대하여 하나님께 추궁하며 따지지 않게 해 줍니다.

우리는 삶 속에서 맞이하는 여러 가지 일에 대해 '그게 어떻게 하나님의 계획 속에 들어가 있을 수가 있지?' 하고 골똘히 생각하면서 에너지를 허비할 때가 많이 있는데 찬양은 이것을 막아 줍니다. 하나님을 찬양하고 감사함으로써 우리는 하나님의 보이지 않는 목적에 인정의 도장을 찍게 됩니다. 우리가 이렇게 할 수 있는 것은 하나님의 계획과 목적에 대하여 그 구체적인 이유나 방법을 다 이해해서가 아니라, 하나님의 사랑과 지혜를 신뢰하기 때문입니다. 바울은 로마서 11:33에서 이렇게 고백합니다.

누구나 동일시할 것입니다.

> 깊도다, 하나님의 지혜와 지식의 부요함이여. 그의 판단은 측량치 못할 것이며 그의 길은 찾지 못할 것이로다.

하나님의 지혜와 지식은 그 깊이와 넓이를 헤아릴 수 없을 만큼 깊고 커서, 우리는 하나님의 지혜와 지식 앞에서 다만 깜짝 놀라 입을 벌리고 서 있을 수밖에 없습니다. 그 누가 하나님께서 일하시고 행하시는 그 이유와 방법을 다 이해하고 설명할 수 있겠습니까?

찬양을 통해 사탄을 이길 수 있다

오늘날 사탄은 하나님을 부정하는 현대 철학들을 동원하여 사람들의 마음을 공허하게 만들었고, 그 결과 고등교육을 받은 사람들까지도 심령술, 점성술, 강신술 따위와 사탄 숭배로 돌아섰습니다. 누가 상상이나 했겠습니까? 사탄은 이런 철학들을 부추겼고, 그 다음 사람들을 더욱 심한 영적 노예 상태로 끌고 갔습니다.

진정한 그리스도인은 대부분 사탄과 명백한 타협을 하지는 않습니다. 그래서 사탄은 어떻게 합니까? '사탄과의 전쟁에서 이기려면 그를 잘 알아야 하지 않겠는가?'라는 우리의 생각을 역이용하여 우리로 하여금 그 자신에게 필요 이상으로 관심을 쏟게 합니다. 자신과 자신의 부하들, 자신의 세력과 조직적 활동 등에 대해 지나치게 관심을 갖게 하는 것입니다.

　우리의 적을 아는 것은 물론 중요합니다. 성경은 우리에게 사탄과 그의 부하들에 대해 아주 중요한 정보와 자료를 제공하고 있습니다. 또한 성경 말씀에 근거함으로써 영적 전쟁에서 승리를 거두었던 훌륭한 믿음의 선배들로부터도 우리는 사탄에 대하여 많은 것을 배울 수 있습니다. 그러나 사탄은 우리를 곁길로 빠지게 하려고 노력합니다. 우리의 관심이 그리스도 중심이 되기보다는 적인 사탄 중심이 되게 하려고 합니다. 자기와 자기의 부하들에 대해 흥미를 자아내는 자세한 사항들, 우리가 그를 이기는 데에 있어 알 필요도 없는 세부 사항들을 파고들도록 부추깁니다. 이런 것들은 성경에 나타나 있지 않은 것들로서 단지 인간의 생각에서 나온 것이거나 악한 영들로부터 나온 거짓말일 수도 있습니다. 이런 저런 방법으로 사탄은 우리를 유혹하여 사탄 자신이나 귀신들이나 귀신 들림 등에 우리 관심이 사로잡히도록 애씁니다.

　한 목사의 경험담입니다. 그와 교인들이 어떻게 사탄의 유혹을 받아 예배에서 하나님보다 사탄에게 더 관심을 쏟게 되었는지를 말했습니다. 귀신들은 그들의 모임에 떼 지어 몰려오기 시작했고, 그는 귀신 쫓는 일에 몰두하게 되었습니다. 악한 영들은 그들의 아비 마귀와 같습니다. 그들은 교만합니다. 많은 사람들의 관심을 받고 우쭐해합니다. 자기들에게 비춰지는 조명 불빛을 좋아합니다. 그 목사는 자신이 잘못하고 있다는 것을 깨달았고, 그 해결

책으로 예배 시간에 귀신들과 귀신들의 역사에 초점을 맞추지 않고 주님과 주님을 높이고 찬양하는 데 초점을 맞추었습니다. 이렇게 하여 사탄의 교묘한 전략을 이길 수 있었습니다.

어떤 사람들이 말했듯이, "사탄의 능력을 과소평가하는 것도 중대한 실수지만 과대평가하는 것은 비극입니다." 그렇습니다. 사탄에게 지나친 관심을 쏟으며 거기에 사로잡히는 것은 비극입니다.

오늘날 사탄이 더욱 교묘하고 집요하게 우리를 유혹하며 공격하고 있기 때문에 승리자이신 예수님께 관심의 초점을 맞추는 것이 더욱 시급합니다. 예수님께서는 사탄과의 모든 싸움에서 이기셨습니다. 그리고 사람들을 사탄으로부터 구해 내는 일에서 사탄을 이기고 승리하셨습니다. 마침내 십자가로 말미암아 예수님께서는 사탄의 세력을 꺾어 버리셨습니다(골로새서 2:15). 그리고 부활을 통해 하나님께서는 그 누구와도 비교할 수 없는 그분의 전능한 능력을 나타내 보여 주셨습니다. "그 능력이 그리스도 안에서 역사하사 죽은 자들 가운데서 다시 살리시고 하늘에서 자기의 오른편에 앉히사 모든 정사와 권세와 능력과 주관하는 자와 이 세상뿐 아니라 오는 세상에 일컫는 모든 이름 위에 뛰어나게 하시고"(에베소서 1:20-21). 하나님께서는 만물을 우리 주 예수 그리스도의 발 아래 두셨습니다. 여기에는 사탄과 그의 무리도 포함됩니다. 그리고 지금 주님의 이 능력이 우리 안에 있어 우리는 언제든지 이 능력을 사용하여 사탄과 사탄의 교묘한 전략을 능히 이길 수 있습니다.

영적 전쟁과 찬양은 어떤 관계가 있습니까? 찬양은 사탄에 대항하는 강력한 무기입니다. 사탄은 찬양을 증오합니다. 찬양은 모든 시대에 걸쳐 사탄의 모든 악한 노력에도 불구하고 하나님께서 여전히 최고 위치에 계시다는 것을 사탄에게 생각나게 합니다. 찬양은 사탄의 열등함과 사탄의 한계를 계속 되풀이하여 말하는 것이 되기 때문에, 사탄은 우리가 하나님을 찬양하는 것을 듣기 싫어합니다.

모든 찬양은 사탄의 악한 꾀와 기세를 꺾어 버립니다. 그러나 우리의 찬양이 사탄을 대항하는 더욱 강력한 무기가 되게 하려면 그것을 하나님의 말씀과 연결시키십시오. 특히 승리자이신 예수님을 크게 높이는 진리들로 찬양을 채우십시오. 그리스도의 보혈, 십자가에서 얻은 승리, 부활의 승리에 대해 찬양하십시오. 부활하신 주님과 주님의 높아진 위치를 찬송하십시오. 승리를 굳게 믿는 믿음으로 주님의 이름을 높이십시오. 이러한 찬양은 사탄과 그의 교묘한 속임수를 물리치는 데 강력한 힘이 있습니다.

우리는 우리를 대적하는 대적자들의 이름과 기타 신상에 대해서 알 수도 있고 모를 수도 있습니다. 우리는 이방 종교들의 비밀 의식이나 뉴에이지의 전술이나 사탄 숭배자들의 행위에 대해 잘 알 수도 있고 모를 수도 있습니다. 그러나 찬양을 통해 우리의 적을 물리칠 수 있습니다. 우리는 사탄의 목적을 좌절시킬 수 있으며 놀라우신 주님의 목적을 이루어 나갈 수 있습니다.

몇 년 전 나는 베티라는 한 젊은 여성을 영적으로 돕고 있었습니다. 그녀는 우상들을 숭배하고 끊임없이 악한 영들을 달래기 위해 힘쓰는 가정에서 자랐습니다. 집에 갈 때마다 그녀는 사탄의 강한 공격을 느꼈습니다. 그래서 우리는 사탄의 정체와 사탄의 전략에 대한 하나님의 말씀을 공부했습니다. 그러나 우리는 승리자이신 예수 그리스도와 말씀, 기도와 찬양, 그리고 하나님의 전신갑주를 입는 것을 통해 적을 이기는 방법에 대해 더 많이 공부했습니다. 다음 번 집에 갔을 때는 그녀는 하나님의 진리들로 강하게 무장되어 있었습니다. 그리고 그녀는 사탄을 이기신 그리스도를 찬양하였습니다. 하나님께서는 사탄의 모든 공격에서 그녀를 보호하여 주셨습니다. 그녀는 즐거워하며 환하게 빛나는 얼굴로 돌아왔습니다.

우리는 적에 대한 하나님의 승리를 즐거워하면서 시편 149:6을 우리의 영적 전투에 적용할 수 있습니다. "그 입에는 하나님의 존영이요 그 수중에는 두 날 가진 칼이로다."

찬양을 통해 하나님께 영광과 기쁨을 드릴 수 있다

찬양을 통해 우리는 하늘과 땅에 있는 어느 누구도 드릴 수 없는 것, 즉 하나님을 사랑하고 경외하는 우리의 마음을 하나님께 바치게 됩니다. 하나님께서는 세상을 창조하시기 전에 우리를 택하셨습니다. 하나님께서는 독특한 설계도대로 우리를 만드셨습니다. 하나님께서 동일한 설계도로 두 사람을 만드신 적이 없습니다. 각 사람마다 하나님의 설계도는 다릅니다. 우리는 복사

본이 아니라 원본입니다. 이 세상에 우리와 똑같은 사람은 없습니다. 하나님께서는 하나님 자신을 위하여 우리를 만드셨습니다. 영원토록 계속 우리와 친밀한 관계를 유지하기를 원하십니다. 그러므로 하나님께서는 하나님에 대한 우리의 반응에 무관심하지 않으십니다. 우리의 찬양은 하나님을 기쁘시게 합니다. 우리가 하나님을 소홀히 대하고 무시한다면 그것은 하나님을 슬프시게 합니다.

찬양은 이생과 내생에서 우리 생의 주된 목적을 이루도록 도와줍니다. 이러한 영적 진리를 한 마디로 간략하게 표현하면 다음과 같습니다. "사람의 제일 되는 목적은 하나님을 영화롭게 하며 그를 영원토록 즐거워하는 것입니다"(웨스트민스터 소요리 문답).

예배, 찬양, 감사를 통해 우리는 하나님을 직접적으로 섬기게 됩니다. 하나님께서는 신령과 진정으로 하나님을 예배하는 사람들을 찾고 계십니다. 하나님께서는 우리의 찬양을 원하십니다. 여기에 찬양을 해야 하는 가장 강력한 이유가 있습니다.

하나님께서는 교만한 우리처럼 다른 사람들의 주목을 받는 것을 좋아하셔서 우리의 찬양을 원하시는 것이 아닙니다. 찬양은 모든 만물 위에 뛰어나신 창조주시요 만유의 주재자이신 하나님과 관계를 맺는 데 있어서 필수불가결한 것입니다. 하나님께서는 거룩하시고 무한하시며 우리에게 생명과 호흡과 기타 모든 것을 주시는 전능하신 분이시지만, 우리는 광대한 우주 속의 지극히 작은 점에 불과합니다. 따라서 예배와 찬양과 감사는 하나님과 우리의 교제에 생명을 불어넣습니다. 또한 하나님과 우리의 관계가 참되고 깊고 서로를 만족시키는 관계가 되도록 해 줍니다.

그러면 하나님은 모든 찬양을 즐거워하실까요?

사람들은 평소에는 하나님께 무관심하고 제멋대로 삶을 살다가 감정적 만족이나 눈에 보이는 특별한 보상을 바라면서 찬양을 하기도 합니다. 때로는 불순종하는 그리스도인조차도 예배에 참석하여 분위기 가운데서 하나님을 찬양하고 경배할 수 있습니다. 그리고 찬송을 듣거나 부르는 동안에는 감정적 기쁨을 경험할 수도 있습니다! 그러나 불순종하는 그리스도인이나 불신자는 참되고 살아 계신 하나님을 영화롭게 할 수 없습니다. 따라서 그들의 찬송이 어떻게 하나님께 기쁨이 될 수 있겠습니까?

예배는 감정적 도취 그 이상의 것입니다. 예배는 하나님께 우리 자신을 드리며, 하나님의 종이 되며, 하나님의 뜻을 행하는 것을 포함합니다. 그 이상도 그 이하도 그밖에 아무것도 필요하지 않습니다. 예배는 우리 삶의 목표를 근본적으로 바꾸는 것을 의미합니다. 하나님 중심으로 삶의 목표를 택하는 것입니다. 하나님을 더욱 잘 알고, 우리의 전부를 다하여 하나님을 사랑하며, 어떤 값을 치르고서라도 하나님의 뜻을 행하며, 하나님을 영화롭게 하고, 하나님을 기쁘시게 하는 것입니다.

친구 중에 선교를 제재하는 나라에서 전문 직업인으로서 그리스도를 섬기고 있는 친구가 있는데, "오, 사랑하는 주 예수님, 제가 주님께 기쁨이 되게 하소서"라는 에이미 카마이클의 말을 적어 보내 왔습니다. 그녀는 이것을 자신의 끊임없는 기도 제목으로 삼았습니다. 독신인 그녀는 결혼에 대한 바람보다도, 성공에 대한 바람보다도, 멀리 떨어져 있는 친구들과 사랑하는 이들을 보고 싶은 마음보다도, 자기가 주님께 기쁨이 되기를 원하는 마음이 더 강하였습니다. "주님, 제가 주님께 기쁨이 되게 하소서." 이것이 바로 예배입니다.

주님을 예배할 때 우리는 겸손히 주님 앞에 엎드려 절하며 주님께 자신을 온전히 굴복해야 합니다. 이러한 굴복과 예배로부터 온전히 하나님을 존귀하게 하고 영화롭게 하며 기쁘시게 하는 참된 찬양이 흘러나옵니다. 정해진 찬양 시간뿐만 아니라 시간시간마다 순간순간마다 자발적인 찬양이 흘러나옵니다. 상황에 따라 때로는 말없이, 때로는 소리 내어 찬양합니다. 우리는 하나님이 누군신가 또는 하나님이 무엇을 하셨는가에 대해 생각합니다. 바울은 다음과 같이 하나님을 찬양했습니다. "만세의 왕 곧 썩지 아니하고 보이지 아니하고 홀로 하나이신 하나님께 존귀와 영광이 세세토록 있어지이다. 아멘"(디모데전서 1:17).

또는 감정적으로 찬양할 기분이 아니더라도 하나님께 감사하고 찬양하십시오. 갈등하는 가운데서 나오는 찬양일지라도 올바른 것입니다. 하나님께 영광을 돌리지 못하는 삶, 자백이 필요한 영적 패배의 삶, 감정적으로 침체된 삶 등 이런 것은 타락한 세상에서 인간으로서의 삶의 자연스런 일부입니다. 그러기에 우리는 하나님께서 우리를 위해 계획하신 영광스런 미래, 곧 우리가 도저히 상상할 수도 없는 영광스런 몸으로 주님과 함께 살게 될 새로운 땅에서의 삶을 더욱 소망하며 하나님께 감사하고 찬양하게 됩니다.

때로는 우리의 찬양이 기쁨이 넘치고 열정적일 수도 있습니다. 그러나 하나님께서 우리의 찬양을 기쁘게 받으시는 것은 우리가 얼마나 따뜻하고 행복하게 느끼고 있는가에 달려 있지 않습니다. C. S. 루이스가 말했듯이, 우리는 감정적 절정기보다는 감정적 침체기에 더욱 하나님을 찬양할 수 있습니다. 감정적으로 침체되거나 고갈될 때 하나님께 특별한 기쁨을 드릴 수도 있습니다. 때로 세상을 둘러볼 때 하나님께서 모습을 감추신 것 같은 느낌이 들 때에도, 우리가 어떻게 느끼든지 자신의 감정에 상관없이 하나님을 신뢰하며 하나님을 찬양하기를 선택할 때 하나님께서는 기뻐하십니다.

우리의 예배와 찬양은 하나님께서 우리 삶을 통해 행하기 원하시는 모든 것을 부요하게 합니다. A. W. 토저는 이렇게 말했습니다. "우리는 이 땅에서 먼저 예배자가 되어야 합니다. 사역자가 되는 것은 어디까지나 두 번째일 뿐입니다.… 예배자가 행한 사역이 영원한 가치를 지닙니다." 우리의 존재 목적은 먼저 하나님을 예배하는 것입니다. 하나님의 일을 하는 것은 그 다음입니다. 하나님의 일을 하는 것이 하나님을 찬양하고 경배하는 것보다 우선이 되어서는 안 됩니다.

우리가 찬양으로 충만한 삶을 살 때 하나님께서는 우리에게, 그리고 우리를 통하여 다른 사람들에게도, 새로운 방법으로 자신을 나타내 주시고 알려 주실 것입니다. 그리고 우리는 언제 어디서나 하나님의 향기를 널리 발산하게 될 것입니다.

  여러분의 제일 되는 목적은 무엇입니까? 하나님을 영화롭게 하며 하나님을 영원토록 즐거워하는 것입니까? 이것이 우리의 부르심이요 생의 목적입니다. 그리고 찬양은 이를 성취하기 위한 지극히 훌륭하고 중요한 방법입니다.

제 2 부

*I will praise you, O LORD,
among the nations;
I will sing of you
among the peoples.*

Psalm 108:3

찬양의 31일

시작하면서

여러분은 이 "찬양의 31일"에 나오는 기도문을 사용하면서 하나님을 찬양하는 삶은 참으로 흥미진진한 모험이요 그 모험을 통해 얻는 게 너무도 많다는 것을 경험하게 될 것입니다. 이 찬양 기도문을 읽으면서 삶의 힘든 현실을 이해하게 됩니다. 무엇보다도 지극히 광대하신 하나님의 놀라운 사랑과 행사를 더욱 깊이 깨닫게 됩니다. 여러분의 영혼을 만족케 하시며 가장 깊은 필요까지도 채워 주시는 우리 주 하나님을 맛보아 알게 됩니다.

이 "찬양의 31일"은 여러분의 찬양 생활을 더 북돋아 주며, "범사에 감사하는"(에베소서 5:20) 삶을 실천하도록 도와줍니다. 찬양 기도문을 여러분의 개인적인 찬양을 위한 안내자로서 사용하면 아주 유익합니다. 경건의 시간을 시작할 때 이 기도문을 가지고 찬양 기도를 한다든지, 또 하루를 마치고 잠자리에 들기 전 이 기도문을 가지고 기도하면 좋습니다. 기도문의 내용 중에서 여러분의 마음에 깊이 와 닿는 부분에는 밑줄도 긋고, 또 여러분의 감정은 그렇지 않지만 믿음으로 받아들여야 할 내용이 있으면 표시도 해 보십시오. 그리고 감정적으로 감사가 느껴지지 않는 영역과 연관하여 주님께서 여러분의 마음속에서 특별히 역사하여 주시기를 간구하십시오.

찬양의 주제 중에 어떤 내용에 대해서는 '어떻게 그 일에 대해 주님께 감사할 수가 있지?' 하는 반응을 보일지도 모릅니다. 설령 여러분의 감정이 그렇다 할지라도 '이 기도문은 내게는 안 맞아' 하고 성급한 결론을 내리지는 마십시오. 그 대신 여러분의 반응에 대하여 기도하기 바랍니다. 기도문의 내용이 여러분이 성경에서 배운 것과 다르게 느껴져서 그렇습니까? 그게 단순히 적용의 문제라면 자유롭게 다른 말로 여러분의 찬양을 표현해도 좋습니다. 하지만 여러분 마음속에 뭔가 감정적 장벽이 있어서 좀처럼 감사하기가 어렵다면 여러분을 괴롭히는 그 문제를 주님 앞에 가지고 나가 자신을 활짝 열고 그대로 아뢰기 바랍니다. 그러면 주님께서 어떤 중요한 사항을 꼭 집어 분명하게 말씀해 주실 경우도 있습니다. 주님께서 여러분 속에서 새 일을 행하시도록 간구하십시오.

매일의 찬양 기도문 아래에 찬양 기도에 사용한 성경 말씀을 참고로 인용해 놓았습니다. 기도하는 순서대로 문단별로 적어 두었습니다. 찬양 기도를 하기 전에든 후에든 이 말씀들을 읽고 묵상하면 여러분의 찬양이 더욱 풍성해지는 은혜를 새롭게 누리게 될 것입니다. 이 구절들을 개인적으로도 활용할 수 있고, 소그룹 모임에서 활용할 수도 있습니다. 배우자나 가족이나 룸메이트와 함께 시간을 가질 때 찬양을 위한 기도로서 이 찬양 기도문을 사용하는 것도 좋습니다.

기도문에 있는 여백은 여러분이 개인적으로 활용하도록 하십시오. 활용 방법을 몇 가지 말씀드리면 다음과 같습니다.

1. 여러분의 개인적인 찬양과 감사 제목을 추가로 적을 수도 있습니다.
2. 기도문의 일부를 자신의 말로 다시 표현한다든지, 자신의 생각, 삶의 모습 등을 덧붙여도 좋습니다.
3. 자신에게 깊은 의미를 주는 성경 말씀을 적어 두십시오. 여러분의 찬양을 더욱 개인적이고 신선하게 해 줄 것입니다.

매일의 찬양 기도를 할 때 성경 말씀을 그대로 사용하지 않고 가능한 한 내 말로 소화해서 표현했습니다. 여러분이 찬양할 때 보다 쉽게 사용할 수 있도록 돕기 위해서였습니다. 여러분도 자신이 첨가한 구절들을 자신의 말로 표현해도 좋습니다.

이 찬양 기도문을 사용할 때 너무 급하게 서두르지 마십시오. 이따금 잠시 멈추어 마음을 고요하게 하고, 놀라우신 주님을 경외하는 마음으로 찬양과 감사를 드리십시오. 기도문에서 자주 "…"으로 되어 있는 것을 발견하게 될 텐데, 이것은 잠시 멈추어 주님이 누구신지를 생각하며 주님을 즐거워하고, 또한 주님의 임재하심의 햇살을 받으며 주님이 함께하심을 경험하는 시간을 충분히 갖도록 하기 위한 것입니다.

주님께서 이 "찬양의 31일"을 사용하셔서 여러분의 찬양의 삶을 더욱 풍성하게 해 주시기를 간절히 기도합니다. 그리하여 삶의 다양한 필요와 상황 속에서 더욱 충만하게 하나님을 경험하게 되길 바랍니다. 하나님을 더욱 기뻐하고 즐거워하게 될 것입니다. 또한 새로운 방법으로 하나님의 이름에 영광을 돌리게 될 것입니다.

자, 그러면 흥미진진한 31일 간의 찬양의 모험을 시작하여 봅시다.

1 일

　주 하나님, 내 영혼이 주님을 늘 즐거워하며 기뻐합니다. 주님은 환난 날에 나의 반석과 산성이시며, 내가 언제든지 달려가서 피할 수 있는 나의 은밀한 피난처이십니다… 사랑으로 나의 모든 필요를 공급하시는 나의 아버지이시며… 나를 인도하고 보호하시는 나의 목자이십니다… 주님의 자녀인 나를 위하시고 지키시는 나의 옹호자시요… 나로 인하여 기쁨을 이기지 못하여 하시는 나의 신랑이십니다… 내게 구원을 베푸시며 나를 잠잠히 사랑하시며 나로 인하여 즐거이 부르며 기뻐하시는 나의 하나님이십니다… 주님은 나의 산업이시요 나의 분깃이십니다. 사모하는 내 영혼을 만족케 하시며 주린 내 영혼을 좋은 것으로 채워 주시는 분이십니다.

　측량할 수 없는 주님의 사랑과 지혜를 인하여 주님을 찬양합니다. 주님의 지혜는 한이 없어서 결코 실수가 없으시며, 주님의 사랑은 무궁하여 몰인정하게 행하시는 법이 결코 없으십니다… 내가 주님께 부르짖을 때, 주님께서는 나를 위하여 모든 것을 행하시며, 내게 관계된 것을 완전케 하시고, 나를 향한 주님의 목적을 이루십니다… 주님께서 나를 깊이 사랑하시니 감사드립니다… 주님은 선하시고 용서하기를 즐거워하시며 자비로우시고 은혜로우시며 노하기를 더디 하시며 인자하심이 후하십니다… 주님은 나의 사랑을 원하시며 나를 위하여 선한 일을 행하기를 즐거워하십니다… 내가 주님을 기뻐할 때 주님은 내 마음의 소원을 이루어 주시기를 기뻐하십니다. 주 하나님, 나를 향한 주님의 인자하심이 어찌 그리 보배로우신지요! 내가 주님의 날개 그늘 아래 피하여 즐거이 노래하나이다!

참조 구절

시 27:5   여호와께서 환난 날에 나를 그 초막 속에 비밀히 지키시고 그 장막 은밀한 곳에 나를 숨기시며 바위 위에 높이 두시리로다

시 71:3   주는 나의 무시로 피하여 거할 바위가 되소서 주께서 나를 구원하라 명하셨으니 이는 주께서 나의 반석이시요 나의 산성이심이니이다

시 91:1-2   지존자의 은밀한 곳에 거하는 자는 전능하신 자의 그늘 아래 거하리로다 내가 여호와를 가리켜 말하기를 저는 나의 피난처요 나의 요새요 나의 의뢰하는 하나님이라 하리니

마 6:25-26   그러므로 내가 너희에게 이르노니 목숨을 위하여 무엇을 먹을까 무엇을 마실까 몸을 위하여 무엇을 입을까 염려하지 말라 목숨이 음식보다 중하지 아니하며 몸이 의복보다 중하지 아니하냐 공중의 새를 보라 심지도 않고 거두지도 않고 창고에 모아들이지도 아니하되 너희 천부께서 기르시나니 너희는 이것들보다 귀하지 아니하냐

시 23:1-3	여호와는 나의 목자시니 내가 부족함이 없으리로다 그가 나를 푸른 초장에 누이시며 쉴 만한 물가로 인도하시는도다 내 영혼을 소생시키시고 자기 이름을 위하여 의의 길로 인도하시는도다
사 62:5하	신랑이 신부를 기뻐함같이 네 하나님이 너를 기뻐하시리라
습 3:17-18	너의 하나님 여호와가 너의 가운데 계시니 그는 구원을 베푸실 전능자시라 그가 너로 인하여 기쁨을 이기지 못하여 하시며 너를 잠잠히 사랑하시며 너로 인하여 즐거이 부르며 기뻐하시리라 하리라 내가 대회로 인하여 근심하는 자를 모으리니 그들은 네게 속한 자라 너의 치욕이 그들에게 무거운 짐이 되었느니라
시 16:5-6	여호와는 나의 산업과 나의 잔의 소득이시니 나의 분깃을 지키시나이다 내게 줄로 재어 준 구역은 아름다운 곳에 있음이여 나의 기업이 실로 아름답도다
시 107:9	저가 사모하는 영혼을 만족케 하시며 주린 영혼에게 좋은 것으로 채워 주심이로다
시 57:2	내가 지극히 높으신 하나님께 부르짖음이여 곧 나를 위하여 모든 것을 이루시는 하나님께로다
시 138:8	여호와께서 내게 관계된 것을 완전케 하실지라 여호와여 주의 인자하심이 영원하오니 주의 손으로 지으신 것을 버리지 마옵소서
시 86:5	주는 선하사 사유하기를 즐기시며 주께 부르짖는 자에게 인자함이 후하심이니이다

시 103:8	여호와는 자비로우시며 은혜로우시며 노하기를 더디 하시며 인자하심이 풍부하시도다
마 22:37	예수께서 가라사대 네 마음을 다하고 목숨을 다하고 뜻을 다하여 주 너의 하나님을 사랑하라 하셨으니
렘 32: 41	내가 기쁨으로 그들에게 복을 주되 정녕히 나의 마음과 정신을 다하여 그들을 이 땅에 심으리라
시 37:4	또 여호와를 기뻐하라 저가 네 마음의 소원을 이루어 주시리로다
시 36:7	하나님이여 주의 인자하심이 어찌 그리 보배로우신지요 인생이 주의 날개 그늘 아래 피하나이다
시 63:7	주는 나의 도움이 되셨음이라 내가 주의 날개 그늘에서 즐거이 부르리이다

2 일

하나님 아버지, 감사합니다. 아버지께서는 세상을 극진히 사랑하셔서 독생자 우리 주 예수 그리스도를 주셨습니다… 정한 때가 이르자 아버지께서는 사람의 모양으로 독생자를 보내셔서 한 가난한 가정에 연약한 아기로 태어나게 하셨습니다. 예수님은 이 땅에 사시면서 아버지의 영광을 밝게 비추시며, 아버지를 흠 없이 나타내셨습니다… 사람들은 예수님을 통하여, 친히 그들과 함께하시며 그들의 필요를 채워 주시는 아버지를 눈으로 보았습니다… 예수님은 나와 같이 연약하기 그지없는 평범한 사람들의 삶 속에 아버지의 전능하신 능력을 불어넣어 주셨고… 가난한 자들에게 복음을 전하셨으며… 죄의 포로가 된 자들에게 자유를 선포하시고 눈 먼 자들을 다시 보게 하셨으며… 죄와 사탄에게 억눌린 자들, 짓밟힌 자들, 잃어버린 자들, 마음 상한 자들, 고통받는 자들을 자유롭게 하셨습니다… 예수님은 거만한 자들을 책망하시고 겸손한 자들에게 은혜를 베푸시며, 마음이 가난하고 도움받을 곳이 없는 힘없는 자들에게 하늘나라의 문을 활짝 열어 주셨습니다… 하나님 아버지, 아버지의 사랑과 자비를 인하여 심히 기뻐하나이다. 아버지의 사랑과 자비로 말미암아 흑암에 앉은 백성과 사망의 땅과 그늘에 앉은 자들에게 빛이 비취었습니다!

하나님 아버지, 감사합니다. 복음서를 통하여 이 예수님께서 평범한 사람들 가운데서 사신 것을 볼 수 있게 하시니 감사드립니다… 예수님의 입에서 나오는 은혜로운 말을 들을 수 있게 하시니 감사드립니다… 심령이 가난한 사람들을 향한 예수님의 긍휼과 따뜻한 보살핌… 위선자들에 대한 예수님의 분노… 예수님의 신실하심… 자기를 따르는 이들을 향한 예수님의 뜨거운 사랑을 볼 수 있게 하시니 감사드립니다.

참 아름다우신 우리 주 예수님을 찬양합니다! 우리 주 예수 그리스도를 아는 지식이 가장 고상함을 아나이다… 주님만이 내 마음의 소원이시며… 나의 가장 큰 즐거움이요… 내 영혼의 영광과 기쁨과 면류관이십니다. 삶에서 얻는 그 어떤 유익도 주님을 앎으로써 얻는 놀라운 유익에 비하면 배설물과 같습니다… 주님, 주님만이 감사와 찬양과 경배와 존귀를 받으시기에 합당하나이다.

참조 구절

요 3:16 하나님이 세상을 이처럼 사랑하사 독생자를 주셨으니 이는 저를 믿는 자마다 멸망치 않고 영생을 얻게 하려 하심이니라

갈 4:4 때가 차매 하나님이 그 아들을 보내사 여자에게서 나게 하시고 율법 아래 나게 하신 것은

히 1:3	이는 하나님의 영광의 광채시요 그 본체의 형상이시라 그의 능력의 말씀으로 만물을 붙드시며 죄를 정결케 하는 일을 하시고 높은 곳에 계신 위엄의 우편에 앉으셨느니라
눅 4:18-19	주의 성령이 내게 임하셨으니 이는 가난한 자에게 복음을 전하게 하시려고 내게 기름을 부으시고 나를 보내사 포로 된 자에게 자유를, 눈먼 자에게 다시 보게 함을 전파하며 눌린 자를 자유케 하고 주의 은혜의 해를 전파하게 하려 하심이라 하였더라
마 3:5	이때에 예루살렘과 온 유대와 요단강 사방에서 다 그에게 나아와
마 4:16	흑암에 앉은 백성이 큰 빛을 보았고 사망의 땅과 그늘에 앉은 자들에게 빛이 비췄도다
눅 1:78-79	이는 우리 하나님의 긍휼을 인함이라 이로써 돋는 해가 위로부터 우리에게 임하여 어두움과 죽음의 그늘에 앉은 자에게 비취고 우리 발을 평강의 길로 인도하시리로다 하니라
눅 4: 22	저희가 다 그를 증거하고 그 입으로 나오는바 은혜로운 말을 기이히 여겨 가로되 이 사람이 요셉의 아들이 아니냐
마 9:36	무리를 보시고 민망히 여기시니 이는 저희가 목자 없는 양과 같이 고생하며 유리함이라
마 15:32	예수께서 제자들을 불러 가라사대 내가 무리를 불쌍히 여기노라 저희가 나와 함께 있은 지 이미 사흘이매 먹을 것이 없도다 길에서 기진할까 하여 굶겨 보내지 못하겠노라
마 23:37	예루살렘아 예루살렘아 선지자들을 죽이고 네게 파송된 자들을 돌로 치는 자여 암탉이 그 새끼를 날개 아래 모음같이 내가 네 자녀를 모으려 한 일이 몇 번이냐 그러나 너희가 원치 아니하였도다

마 23:13-33　화 있을진저 외식하는 서기관들과 바리새인들이여 너희는 천국 문을 사람들 앞에서 닫고 너희도 들어가지 않고 들어가려 하는 자도 들어가지 못하게 하는도다… 화 있을진저 외식하는 서기관들과 바리새인들이여 너희는 교인 하나를 얻기 위하여 바다와 육지를 두루 다니다가 생기면 너희보다 배나 더 지옥 자식이 되게 하는도다 화 있을진저 소경된 인도자여… 화 있을진저 외식하는 서기관들과 바리새인들이여 너희가… 율법의 더 중한 바 의와 인과 신은 버렸도다… 화 있을진저 외식하는 서기관들과 바리새인들이여 잔과 대접의 겉은 깨끗이 하되 그 안에는 탐욕과 방탕으로 가득하게 하는도다… 화 있을진저 외식하는 서기관들과 바리새인들이여 회칠한 무덤 같으니 겉으로는 아름답게 보이나 그 안에는 죽은 사람의 뼈와 모든 더러운 것이 가득하도다… 화 있을진저 외식하는 서기관들과 바리새인들이여… 뱀들아 독사의 새끼들아 너희가 어떻게 지옥의 판결을 피하겠느냐

요 13:1　유월절 전에 예수께서 자기가 세상을 떠나 아버지께로 돌아가실 때가 이른 줄 아시고 세상에 있는 자기 사람들을 사랑하시되 끝까지 사랑하시니라

시 45:2　왕은 인생보다 아름다워 은혜를 입술에 머금으니 그러므로 하나님이 왕에게 영영히 복을 주시도다

아 5:16　입은 심히 다니 그 전체가 사랑스럽구나 예루살렘 여자들아 이는 나의 사랑하는 자요 나의 친구일다

빌 3:8　또한 모든 것을 해로 여김은 내 주 그리스도 예수를 아는 지식이 가장 고상함을 인함이라 내가 그를 위하여 모든 것을 잃어버리고 배설물로 여김은 그리스도를 얻고

3일

하나님 아버지, 우리 주 예수님을 인하여 아버지를 찬양하나이다. 예수님께서는 죄 없는 삶을 사셨습니다… 예수님께서는 온전히 참되고 거짓됨이 없고 자기기만이 없고, 어둡고 비밀스러운 점이 없고, 후회할 것이 없고 부끄러워할 것이 아무것도 없으셨습니다… 예수님께서는 우리의 생각과 삶의 기초가 되는 진리의 말씀을 전파하셨습니다… 예수님께서는 아버지의 뜻을 행하기를 즐거워하셨습니다… 종종 한적한 곳으로 물러가셔서 아버지와 단둘이 시간을 보내셨으며… 항상 아버지의 음성에 귀 기울이고 아버지께서 하시는 그 일을 행하셨으며… 아버지를 온전히 의지하는 삶을 사셨습니다. 예수님께서는 사람을 살리는 은혜로운 생명의 말씀을 들려주시고 능하신 일들을 행하셨나이다.

하나님 아버지, 감사합니다. 예수님께서는 내가 어떻게 살아야 할지를 친히 보여 주셨습니다. 또 하나님을 어떻게 섬겨야 하는지를 가르쳐 주셨습니다. 내 안에 거하시는 주 예수님을 내가 온전히 의지하나이다… 예수님이 이 땅에서 사셨던 삶만을 바라보나이다… 은혜와 진리가 충만하신, 아버지의 독생자이신 예수님의 영광을 보게 하시니 감사합니다… 예수님께 시선을 집

중할 때 내 안에 계신 아버지의 영으로 말미암아 아버지께서 나를 예수님의 형상으로 변화시켜 가십니다. 이 사실을 생각하면 얼마나 기쁘고 즐거운지 모릅니다… 아버지 앞에 즐거운 일을 내 속에서 이루고 계시니 감사드립니다… 내 마음을 위로하시고 모든 선한 일과 말에서 나를 굳게 하셔서… 나의 삶에서 그리스도가 날로 더욱 존귀히 되게 하시니 참으로 감사드립니다.

참조 구절

히 4:12   하나님의 말씀은 살았고 운동력이 있어 좌우에 날선 어떤 검보다도 예리하여 혼과 영과 및 관절과 골수를 찔러 쪼개기까지 하며 또 마음의 생각과 뜻을 감찰하나니

마 7:24-28   그러므로 누구든지 나의 이 말을 듣고 행하는 자는 그 집을 반석 위에 지은 지혜로운 사람 같으리니 비가 내리고 창수가 나고 바람이 불어 그 집에 부딪히되 무너지지 아니하나니 이는 주초를 반석 위에 놓은 연고요 나의 이 말을 듣고 행치 아니하는 자는 그 집을 모래 위에 지은 어리석은 사람 같으리니 비가 내리고 창수가 나고 바람이 불어 그 집에 부딪히매 무너져 그 무너짐이 심하니라 예수께서 이 말씀을 마치시매 무리들이 그 가르치심에 놀래니

시 40:8   나의 하나님이여 내가 주의 뜻 행하기를 즐기오니 주의 법이 나의 심중에 있나이다 하였나이다

막 1:35   새벽 오히려 미명에 예수께서 일어나 나가 한적한 곳으로 가

사	거기서 기도하시더니
눅 5:16	예수는 물러가사 한적한 곳에서 기도하시니라
사 50:4	주 여호와께서 학자의 혀를 내게 주사 나로 곤핍한 자를 말로 어떻게 도와줄 줄을 알게 하시고 아침마다 깨우치시되 나의 귀를 깨우치사 학자같이 알아듣게 하시도다
요 5:19	그러므로 예수께서 저희에게 이르시되 내가 진실로 진실로 너희에게 이르노니 아들이 아버지의 하시는 일을 보지 않고는 아무것도 스스로 할 수 없나니 아버지께서 행하시는 그것을 아들도 그와 같이 행하느니라
요 6:57	살아 계신 아버지께서 나를 보내시매 내가 아버지로 인하여 사는 것같이 나를 먹는 그 사람도 나로 인하여 살리라
요 14:10	나는 아버지 안에 있고 아버지는 내 안에 계신 것을 네가 믿지 아니하느냐 내가 너희에게 이르는 말이 스스로 하는 것이 아니라 아버지께서 내 안에 계셔 그의 일을 하시는 것이라
요 15:5	나는 포도나무요 너희는 가지니 저가 내 안에, 내가 저 안에 있으면 이 사람은 과실을 많이 맺나니 나를 떠나서는 너희가 아무것도 할 수 없음이라
요 1:14	말씀이 육신이 되어 우리 가운데 거하시매 우리가 그 영광을 보니 아버지의 독생자의 영광이요 은혜와 진리가 충만하더라
고후 3:18	우리가 다 수건을 벗은 얼굴로 거울을 보는 것같이 주의 영광을 보매 저와 같은 형상으로 화하여 영광으로 영광에 이르니 곧 주의 영으로 말미암음이니라
히 13:20-21	양의 큰 목자이신 우리 주 예수를 영원한 언약의 피로 죽은 자

가운데서 이끌어 내신 평강의 하나님이 모든 선한 일에 너희를 온전케 하사 자기 뜻을 행하게 하시고 그 앞에 즐거운 것을 예수 그리스도로 말미암아 우리 속에 이루시기를 원하노라 영광이 그에게 세세무궁토록 있을지어다 아멘

살후 2:16-17 우리 주 예수 그리스도와 우리를 사랑하시고 영원한 위로와 좋은 소망을 은혜로 주신 하나님 우리 아버지께서 너희 마음을 위로하시고 모든 선한 일과 말에 굳게 하시기를 원하노라

빌 1:20 나의 간절한 기대와 소망을 따라 아무 일에든지 부끄럽지 아니하고 오직 전과 같이 이제도 온전히 담대하여 살든지 죽든지 내 몸에서 그리스도가 존귀히 되게 하려 하나니

4 일

　하나님 아버지, 아버지를 사랑하나이다. 아버지께서는 먼저 나를 사랑하사 나의 죄를 속하기 위하여 아들을 보내셨습니다… 예수님은 근본 하나님의 본체시나 하나님과 동등됨을 취할 것으로 여기지 아니하시고… 오히려 자기의 모든 특권을 버리시고 사람으로 태어나셨으며… 자기를 완전히 낮추시고 죄수들과 같이 죽으시며 심한 모욕과 한없는 고통을 참으셨습니다… 하나님께서는 나를 짓누르는 모든 죄와 허물, 나의 모든 근심과 슬픔을 십자가에 달리신 예수님께 지우셨습니다. 그리하여 죄를 알지도 못하신 예수님께서 나를 대신하여 나의 모든 죄를 지시고 내 대신 죽으셨습니다. 이 사실이 너무도 놀랍고 놀라워 할 말을 잃고 하나님을 바라보나이다.

　하나님, 이 시간 내 영혼이 하나님을 찬양합니다! 사망은 자기 권세 안에 예수님을 붙잡아 둘 수 없었습니다… 하나님께서는 예수님으로 나의 구주가 되게 하시고 하나님 앞에서 나를 의롭다 하시기 위해 죽은 자들 가운데서 예수님을 다시 살리셨으며… 예수님을 지극히 높여 모든 정사와 권세와 능력과 주관하는 자와 모든 이름 위에 뛰어난 위치를 예수님께 주셨습니다. 예수님은 위대한 대제사장이시며… 영원히 살아 계셔서 나를 위하여 간구하십니다. 뿐만 아니라 예수님을 통하여 하나님께 나온 모든 이들을 온전히 구원하실 수 있으심을 인하여 하나님께 감사드립니다. 이 모든 사실을 인하여 감사와 기쁨으로 하나님께 영광을 돌리나이다.

이 시간 예수님 발 앞에 엎드려 경배합니다. 예수님께서는 한 번 죽으셨으나 다시 살아나셔서 영원토록 살아 계십니다… 예수님만이 나의 모든 것을 받으시기에 합당하신 분이십니다. 그러기에 내 자신을 전부 예수님께 드리며 예수님만을 높이나이다… 죽임을 당하신 어린양이신 예수님만이 능력과 부와 지혜와 존귀와 영광과 찬송을 받으시기에 합당하나이다.

참조 구절

요일 4:10   사랑은 여기 있으니 우리가 하나님을 사랑한 것이 아니요 오직 하나님이 우리를 사랑하사 우리 죄를 위하여 화목제로 그 아들을 보내셨음이니라

빌 2:5-10   너희 안에 이 마음을 품으라 곧 그리스도 예수의 마음이니 그는 근본 하나님의 본체시나 하나님과 동등됨을 취할 것으로 여기지 아니하시고 오히려 자기를 비어 종의 형체를 가져 사람들과 같이 되었고 사람의 모양으로 나타나셨으매 자기를 낮추시고 죽기까지 복종하셨으니 곧 십자가에 죽으심이라 이러므로 하나님이 그를 지극히 높여 모든 이름 위에 뛰어난 이

름을 주사 하늘에 있는 자들과 땅에 있는 자들과 땅 아래 있는 자들로 모든 무릎을 예수의 이름에 꿇게 하시고

사 53:4-12 그는 실로 우리의 질고를 지고 우리의 슬픔을 당하였거늘 우리는 생각하기를 그는 징벌을 받아서 하나님에게 맞으며 고난을 당한 다 하였노라 그가 찔림은 우리의 허물을 인함이요 그가 상함은 우리의 죄악을 인함이라 그가 징계를 받음으로 우리가 평화를 누리고 그가 채찍에 맞음으로 우리가 나음을 입었도다 우리는 다 양 같아서 그릇 행하여 각기 제 길로 갔거늘 여호와께서는 우리 무리의 죄악을 그에게 담당시키셨도다 그가 곤욕을 당하여 괴로울 때에도 그 입을 열지 아니하였음이여 마치 도수장으로 끌려가는 어린양과 털 깎는 자 앞에 잠잠한 양같이 그 입을 열지 아니하였도다 그가 곤욕과 심문을 당하고 끌려갔으니 그 세대 중에 누가 생각하기를 그가 산 자의 땅에서 끊어짐은 마땅히 형벌받을 내 백성의 허물을 인함이라 하였으리요 그는 강포를 행치 아니하였고 그 입에 궤사가 없었으나 그 무덤이 악인과 함께 되었으며 그 묘실이 부자와 함께 되었도다 여호와께서 그로 상함을 받게 하시기를 원하사 질고를 당케 하셨은즉 그 영혼을 속건제물로 드리기에 이르면 그가 그 씨를 보게 되며 그 날은 길 것이요 또 그의 손으로 여호와의 뜻을 성취하리로다 가라사대 그가 자기 영혼의 수고한 것을 보고 만족히 여길 것이라 나의 의로운 종이 자기 지식으로 많은 사람을 의롭게 하며 또 그들의 죄악을 친히 담당하리라 이러므로 내가 그로 존귀한 자와 함께 분깃을 얻게 하며 강한 자와 함께 탈취한 것을 나누게 하리니 이는 그가 자기 영혼을 버려 사망에 이르게 하며 범죄자 중 하나로 헤아림을 입었음이라 그러나 실상은 그가 많은 사람의 죄를 지며 범죄자를 위하여 기도하였느니라 하시니라

고후 5:21   하나님이 죄를 알지도 못하신 자로 우리를 대신하여 죄를 삼으신 것은 우리로 하여금 저의 안에서 하나님의 의가 되게 하려 하심이니라

행 2:24   하나님께서 사망의 고통을 풀어 살리셨으니 이는 그가 사망에게 매여 있을 수 없었음이라

롬 4:25   예수는 우리 범죄함을 위하여 내어 줌이 되고 또한 우리를 의롭다 하심을 위하여 살아나셨느니라

엡 1:20-23   그 능력이 그리스도 안에서 역사하사 죽은 자들 가운데서 다시 살리시고 하늘에서 자기의 오른편에 앉히사 모든 정사와 권세와 능력과 주관하는 자와 이 세상뿐 아니라 오는 세상에 일컫는 모든 이름 위에 뛰어나게 하시고 또 만물을 그 발 아래 복종하게 하시고 그를 만물 위에 교회의 머리로 주셨느니라 교회는 그의 몸이니 만물 안에서 만물을 충만케 하시는 자의 충만이니라

히 8:1   이제 하는 말의 중요한 것은 이러한 대제사장이 우리에게 있는 것이라 그가 하늘에서 위엄의 보좌 우편에 앉으셨으니

히 7:25   그러므로 자기를 힘입어 하나님께 나아가는 자들을 온전히 구원하실 수 있으니 이는 그가 항상 살아서 저희를 위하여 간구하심이니라

계 1:17   내가 볼 때에 그 발 앞에 엎드러져 죽은 자같이 되매 그가 오른손을 내게 얹고 가라사대 두려워 말라 나는 처음이요 나중이니

계 5:12   큰 음성으로 가로되 죽임을 당하신 어린양이 능력과 부와 지혜와 힘과 존귀와 영광과 찬송을 받으시기에 합당하도다 하더라

5 일

　주님, 내 영혼이 주님을 찬양하며 주님의 이름을 높이나이다… 주님은 위대하시므로 크게 찬양을 받으시기에 합당하신 분이십니다. 주님의 영광스러운 위엄과 주님의 놀라운 일을 인하여 찬양을 드립니다… 주님의 위대하신 능력은 무한하여 측량할 수 없습니다… 주님은 우리가 구하거나 생각하거나 꿈꾸는 것 이상으로 더욱 넘치게 주실 수 있는 능력의 하나님이십니다… 주님께서는 힘이 부족하여 못 하실 일이 하나도 없습니다… 주님, 주님과 같은 자 누구입니까? 주님과 같이 거룩하고 영광스러우며 찬송할 만한 위엄이 있으며 기이한 일을 행하는 자 누구입니까?

　지극히 높은 곳에 계신 주님을 찬양합니다. 주님께서는 하늘과 땅을 다스리십니다. 주님께서는 위대한 능력으로 만물을 만드셨으며 능력의 말씀으로 붙들고 계십니다. 주님은 온 우주에 있는 모든 별과 은하보다 높으십니다… 주님은 또한 모든 육체의 하나님이시며 주님을 믿는 모든 자들을 사랑하시며 구원하시고 돌보시는 분이십니다… 주님은 늘 우리와 친히 함께하셔서 우리의 모든 일에 관여하십니다… 주님은 인자와 공의로 열방을 통치하시며 온 세상 만민을 다스리시고 그들 가운데서 주님의 권세를 행사하십니다… 주님, 주님과 같은 자 없나이다. 주님은 참하나님이시요 사시는 하나님이시요 영원한 왕이십니다.

주님, 나의 삶의 크고 작은 모든 일을 주관하시는 주님의 절대주권을 인하여 주님을 찬양합니다. 주님께는 우연히 일어나는 일이 하나도 없으며 쓸데없이 일어나는 일도 하나도 없습니다… 주님께서는 나의 호흡을 주장하시고 모든 인생길을 작정하십니다… 내가 당하는 모든 시련은 주님께서 허락하신 것이며 이를 통하여 주님께서는 주님을 구하는 모든 자에게 자신을 나타내시며 주님의 사랑과 능력을 보여 주십니다… 주님께서는 내가 늙어 죽을 때까지 영원토록 나를 버리지 아니하시고 떠나지 아니하십니다. 내가 백발이 되기까지 나를 안을 것이요 품을 것이요 구하여 내실 것입니다… 주님께서 나의 장래를 주관하고 계시니 안심하고 살아갑니다. 이 모든 사실을 인하여 주님께 감사와 찬양을 드리나이다.

참조 구절

시 145:3,5,6 여호와는 광대하시니 크게 찬양할 것이라 그의 광대하심을 측량치 못하리로다… 주의 존귀하고 영광스러운 위엄과 주의 기사를 나는 묵상하리이다 사람들은 주의 두려운 일의 세력을 말할 것이요 나도 주의 광대하심을 선포하리이다 엡 3:20   우리 가운데서 역사하시는 능력대로 우리의 온갖 구하는 것이나 생각하는 것에 더 넘치도록 능히 하실 이에게

렘 32:17 슬프도소이다 주 여호와여 주께서 큰 능과 드신 팔로 천지를 지으셨사오니 주에게는 능치 못한 일이 없으시니이다

출 15:11 여호와여 신 중에 주와 같은 자 누구니이까 주와 같이 거룩함에 영광스러우며 찬송할 만한 위엄이 있으며 기이한 일을 행하는 자 누구니이까

히 1:3   이는 하나님의 영광의 광채시요 그 본체의 형상이시라 그의 능력의 말씀으로 만물을 붙드시며 죄를 정결케 하는 일을 하시고 높은 곳에 계신 위엄의 우편에 앉으셨느니라

렘 32:27 나는 여호와요 모든 육체의 하나님이라 내게 능치 못한 일이 있겠느냐

렘 10:6,7,10 여호와여 주와 같은 자 없나이다 주는 크시니 주의 이름이 그 권능으로 인하여 크시니이다 열방의 왕이시여 주를 경외치 아니할 자가 누구리이까 이는 주께 당연한 일이라 열방의 지혜로운 자들과 왕족 중에 주와 같은 자 없음이니이다 오직 여호와는 참하나님이시요 사시는 하나님이시요 영원한 왕이시라 그 진노하심에 땅이 진동하며 그 분노하심을 열방이 능히 당치 못하느니라

단 5:23   도리어 스스로 높여서 하늘의 주재를 거역하고 그 전 기명을 왕의 앞으로 가져다가… 다 그것으로 술을 마시고, 왕이 또 보지도 듣지도 알지도 못하는 금, 은, 동, 철과 목, 석으로 만든 신상들을 찬양하고 도리어 왕의 호흡을 주장하시고 왕의 모

든 길을 작정하시는 하나님께는 영광을 돌리지 아니한지라

사 46:4   너희가 노년에 이르기까지 내가 그리하겠고 백발이 되기까지 내가 너희를 품을 것이라 내가 지었은즉 안을 것이요 품을 것이요 구하여 내리라

히 13:5   돈을 사랑치 말고 있는 바를 족한 줄로 알라 그가 친히 말씀하시기를 내가 과연 너희를 버리지 아니하고 과연 너희를 떠나지 아니하리라 하셨느니라

6 일

　나의 하나님, 하나님의 크고 두려운 이름과 거룩하심과 공의를 인하여 찬양을 드립니다. 하나님은 재판장이십니다. 모든 사람이 다 자기 일을 하나님께 사실대로 아뢰게 될 것입니다… 하나님께서 하시는 모든 일에 공평하심이 나타나 있음을 인하여 하나님을 찬양합니다… 때가 되면 하나님께서는 모든 죄와 불의, 모든 부패, 모든 부도덕한 일을 심판하실 것입니다… 하나님께서는 모든 잘못된 것을 바르게 하시며, 우리가 하나님을 위하여 사랑으로 섬긴 것과 하나님을 위해 당한 고난을 잊지 않고 갚아 주실 것입니다.

　하나님 아버지, 예수님의 재림을 인하여 감사드립니다. 독생자 예수님께서 나팔 소리와 함께 친히 하늘로부터 강림하실 것입니다. 그때에 그리스도 안에서 죽은 자들이 썩지 아니할 것으로 다시 살고 순식간에 모두 완전히 변화될 것입니다… 그리고 예수님의 얼굴의 광채와 권세와 영광스러운 위엄을 볼 것입니다… 그것은 모든 믿는 자에게 깜짝 놀랄 만한 기이한 일이요 상상할 수도 없는 영광이 될 것입니다… 우리가 지금 겪는 모든 고난은 하나님께서 우리를 위해 계획하신 영광스러운 미래와 비교하면 아무것도 아님을 인하여 하나님께 감사드립니다.

그리스도께서는 정사를 그 어깨에 메셨고, 그 정사와 평강의 더함이 무궁하며… 그리스도의 나라가 지금부터 영원히 공평과 정의로 굳게 세워지고 보존될 것을 아오니 이 얼마나 기쁜 일인지요! 주님의 나라는 흔들리지 않는 영원한 나라입니다. 주님의 권세는 영원한 권세요 그 나라는 대대에 이르리니 어느 누구도 주님을 그 보좌에서 쫓아낼 수 없습니다… 영원토록 주님은 만왕의 왕이시며 만주의 주이십니다. 주님께 영원토록 영광과 능력이 있기를 원하나이다. 아멘!

참조 구절

시 99:3,9 주의 크고 두려운 이름을 찬송할지어다 그는 거룩하시도다 너희는 여호와 우리 하나님을 높이고 그 성산에서 경배할지어다 대저 여호와 우리 하나님은 거룩하시도다

단 4:37 그러므로 지금 나 느부갓네살이 하늘의 왕을 찬양하며 칭송하며 존경하노니 그의 일이 다 진실하고 그의 행하심이 의로우시므로 무릇 교만하게 행하는 자를 그가 능히 낮추심이니라

롬 14:12 이러므로 우리 각인이 자기 일을 하나님께 직고하리라

신 32:4 그는 반석이시니 그 공덕이 완전하고 그 모든 길이 공평하며 진실무망하신 하나님이시니 공의로우시고 정직하시도다

사 2:10-12 너희는 바위틈에 들어가며 진토에 숨어 여호와의 위엄과 그 광대하심의 영광을 피하라 그날에 눈이 높은 자가 낮아지며 교만한 자가 굴복되고 여호와께서 홀로 높임을 받으시리라

	대저 만군의 여호와의 한 날이 모든 교만자와 거만자와 자고한 자에게 임하여 그들로 낮아지게 하고
롬 12:19	내 사랑하는 자들아 너희가 친히 원수를 갚지 말고 진노하심에 맡기라 기록되었으되 원수 갚는 것이 내게 있으니 내가 갚으리라고 주께서 말씀하시니라
히 6:10	하나님이 불의치 아니하사 너희 행위와 그의 이름을 위하여 나타낸 사랑으로 이미 성도를 섬긴 것과 이제도 섬기는 것을 잊어버리지 아니하시느라

살전 4:16	주께서 호령과 천사장의 소리와 하나님의 나팔로 친히 하늘로 좇아 강림하시리니 그리스도 안에서 죽은 자들이 먼저 일어나고
고전 15:51-52	보라 내가 너희에게 비밀을 말하노니 우리가 다 잠잘 것이 아니요 마지막 나팔에 순식간에 홀연히 다 변화하리니 나팔 소리가 나매 죽은 자들이 썩지 아니할 것으로 다시 살고 우리도 변화하리라
살후 1:6-10	너희로 환난받게 하는 자들에게는 환난으로 갚으시고 환난받는 너희에게는 우리와 함께 안식으로 갚으시는 것이 하나님의 공의시니 주 예수께서 저의 능력의 천사들과 함께 하늘로부터 불꽃 중에 나타나실 때에 하나님을 모르는 자들과 우리 주 예수의 복음을 복종치 않는 자들에게 형벌을 주시리니 이런 자들이 주의 얼굴과 그의 힘의 영광을 떠나 영원한 멸망의 형벌을 받으리로다 그날에 강림하사 그의 성도들에게서 영광을 얻으시고 모든 믿는 자에게서 기이히 여김을 얻으시리라 (우리의 증거가 너희에게 믿어졌음이라)

| 롬 8:18 | 생각건대 현재의 고난은 장차 우리에게 나타날 영광과 족히 비교할 수 없도다 |

| 사 9:6-7 | 이는 한 아기가 우리에게 났고 한 아들을 우리에게 주신 바 되었는데 그 어깨에는 정사를 메었고 그 이름은 기묘자라 모사라 전능하신 하나님이라 영존하시는 아버지라 평강의 왕이라 할 것임이라 그 정사와 평강의 더함이 무궁하며 또 다윗의 위에 앉아서 그 나라를 굳게 세우고 지금 이후 영원토록 공평과 정의로 그것을 보존하실 것이라 만군의 여호와의 열심이 이를 이루시리라 |

| 단 4:34 | 그 기한이 차매 나 느부갓네살이 하늘을 우러러보았더니 내 총명이 다시 내게로 돌아온지라 이에 내가 지극히 높으신 자에게 감사하며 영생하시는 자를 찬양하고 존경하였노니 그 권세는 영원한 권세요 그 나라는 대대에 이르리로다 |

| 히 12:28 | 그러므로 우리가 진동치 못할 나라를 받았은즉 은혜를 받자 이로 말미암아 경건함과 두려움으로 하나님을 기쁘시게 섬길지니 |

| 딤전 6:15 | 기약이 이르면 하나님이 그의 나타나심을 보이시리니 하나님은 복되시고 홀로 한 분이신 능하신 자이며 만왕의 왕이시며 만주의 주시요 |

| 계 19:6 | 또 내가 들으니 허다한 무리의 음성도 같고 많은 물소리도 같고 큰 뇌성도 같아서 가로되 할렐루야 주 우리 하나님 곧 전능하신 이가 통치하시도다 |

| 계 1:6 | 그 아버지 하나님을 위하여 우리를 나라와 제사장으로 삼으신 그에게 영광과 능력이 세세토록 있기를 원하노라 아멘 |

7 일

　주님, 성경을 인하여 주님께 영광을 돌립니다. 성경은 주님과 주님의 계획에 대해 기록하고 있는 놀라운 계시의 말씀입니다. 비와 눈이 하늘에서 내려 우리의 필요를 채우듯이 주님께서는 하늘이 땅보다 높음같이 모든 인간의 생각보다 높으신 주님의 생각을 책에 기록하여 우리에게 주심으로 우리의 모든 필요를 채워 주십니다… 이와 같이 분명하고 변치 않으며 항상 가까이할 수 있는 성경 말씀을 우리에게 주시니 감사드립니다. 또한 주님께서는 우리가 이 성경 말씀을 읽으면서 주님과 대화하며 교제하기를 원하시니 무한히 감사드립니다… 주님의 말씀은 언제나 나를 새롭게 하고 나의 굶주린 영혼에 양식이 되며 선하고 의로운 도로 나를 가르쳐 줍니다… 주님께서는 주님의 생각을 내게 말씀해 주기를 원하십니다. 경청하는 마음으로 성경 말씀을 읽고 묵상하면서 주님께 귀를 기울일 때 주님께서는 주님의 마음에 있는 것을 내게 말씀해 주십니다… 주님의 말씀을 내 마음에 간직할 수 있다니 얼마나 놀라운 특권인지요! 주님의 말씀을 부지런히 마음 판에 새길 때 주님께서는 언제든지 마음에 간직한 이 말씀들을 사용하셔서 내게 복을 주시고 나를 선한 길로 인도하시며 주님께 범죄하지 않도록 보호하여 주십니다… 또한 성령께서는 언제든지 이 말씀의 창고에 쌓아 둔 말씀을 사용하셔서 나로 곤핍한 자를 말로 어떻게 도와줄 줄을 알게 하십니다. 이 모든 사실을 인하여 주님께 감사와 찬양을 돌리나이다.

주님의 말씀 안에서 주님의 얼굴을 뵙고 주님의 음성을 들을 수 있게 하시니 감사드립니다… 또한 성경 말씀 안에서 주님의 뜻을 알 수 있고 생활과 섬김을 위한 주님의 교훈과 원리를 발견하게 하시니 감사드립니다… 그리고 주님을 향한 나의 믿음과 확신을 더욱 깊게 하고 발전시킬 수 있게 하시니 감사드립니다… 성령께서 주님의 말씀을 사용하셔서 나를 깨우치시고 인도하시며 나를 더욱더 주님의 형상으로 변화시켜 나날이 더 영광스러운 모습으로 바뀌어 가게 하시니 진심으로 감사를 드리나이다.

참조 구절

사 55:8-11 여호와의 말씀에 내 생각은 너희 생각과 다르며 내 길은 너희 길과 달라서 하늘이 땅보다 높음같이 내 길은 너희 길보다 높으며 내 생각은 너희 생각보다 높으니라 비와 눈이 하늘에서 내려서는 다시 그리로 가지 않고 토지를 적시어서 싹이 나게 하며 열매가 맺게 하여 파종하는 자에게 종자를 주며 먹는 자에게 양식을 줌과 같이 내 입에서 나가는 말도 헛되이 내게로 돌아오지 아니하고 나의 뜻을 이루며 나의 명하여 보낸 일에 형통하리라

시 119:11 내가 주께 범죄치 아니하려 하여 주의 말씀을 내 마음에 두었나이다

사 50:4 주 여호와께서 학자의 혀를 내게 주사 나로 곤핍한 자를 말로 어떻게 도와줄 줄을 알게 하시고 아침마다 깨우치시되 나의 귀를 깨우치사 학자같이 알아듣게 하시도다

벧후 1:20-21 먼저 알 것은 경의 모든 예언은 사사로이 풀 것이 아니니 예언은 언제든지 사람의 뜻으로 낸 것이 아니요 오직 성령의 감동하심을 입은 사람들이 하나님께 받아 말한 것임이니라

딤후 3:16-17 모든 성경은 하나님의 감동으로 된 것으로 교훈과 책망과 바르게 함과 의로 교육하기에 유익하니 이는 하나님의 사람으로 온전케 하며 모든 선한 일을 행하기에 온전케 하려 함이니라

고후 3:17-18 주는 영이시니 주의 영이 계신 곳에는 자유함이 있느니라 우리가 다 수건을 벗은 얼굴로 거울을 보는 것같이 주의 영광을 보매 저와 같은 형상으로 화하여 영광으로 영광에 이르니 곧 주의 영으로 말미암음이니라

8 일

주님, 주님께서 나를 지으심이 신묘막측하심을 인하여 주님께 감사드리며 주님을 경외하나이다. 주님의 행사는 참으로 기이하십니다!… 주님께서 나를 특별한 존재로 설계하시고 독특하게 만드신 것을 감사드립니다. 주님께서는 천지를 지으실 때와 동일한 관심과 정성으로 나를 만드셨습니다… 주님은 주님의 설계도대로 사랑으로 나를 지으셨습니다… 주님은 위대한 기술로 내 어머니의 태 속에서 나를 조성하시고 자라게 하셨습니다.

나의 모습, 나의 능력, 나의 개성을 통해 주님의 은혜와 주님의 아름다움, 주님의 사랑, 주님의 신실하심을 나타내시니 감사드립니다… 주님께서 나의 생을 위해 마음에 가지고 계신 특별한 목적을 위해 내게 은사를 주시니 기뻐하고 즐거워하나이다… 그리고 주님께서 사랑과 지혜 가운데 나의 생애 전체에 걸쳐 영향을 준 것들을 허락하셔서, 나로 주님께 응답하며 주님의 영광을 위하여 살도록 마음을 준비하게 하여 주시니 감사드립니다. 만일 그것들이 없었더라면 내가 주님을 의지하지 않았을지도 모릅니다.

주님께서는 나의 타고난 재능, 소질, 능력, 외모, 개성에 대해 만족하지 않는 것이 하나도 없으십니다. 주님의 손이 나를 빚어 만드셨기 때문입니다… 나는 주님의 독창적인 걸작품입니다!

   이 모든 사실을 인하여 나를 지으신 주님 앞에 무릎을 꿇고 굽혀 경배하나이다.

참조 구절

시 139:13-16   주께서 내 장부를 지으시며 나의 모태에서 나를 조직하셨나이다 내가 주께 감사하옴은 나를 지으심이 신묘막측하심이라 주의 행사가 기이함을 내 영혼이 잘 아나이다 내가 은밀한 데서 지음을 받고 땅의 깊은 곳에서 기이하게 지음을 받은 때에 나의 형체가 주의 앞에 숨기우지 못하였나이다 내 형질이 이루기 전에 주의 눈이 보셨으며 나를 위하여 정한 날이 하나도 되기 전에 주의 책에 다 기록이 되었나이다

엡 1:6,12   이는 그의 사랑하시는 자 안에서 우리에게 거저 주시는바 그의 은혜의 영광을 찬미하게 하려는 것이라 이는 그리스도 안에서 전부터 바라던 우리로 그의 영광의 찬송이 되게 하려 하심이라

롬 12:3-6   내게 주신 은혜로 말미암아 너희 중 각 사람에게 말하노니 마땅히 생각할 그 이상의 생각을 품지 말고 오직 하나님께서 각 사람에게 나눠 주신 믿음의 분량대로 지혜롭게 생각하라 우리

가 한 몸에 많은 지체를 가졌으나 모든 지체가 같은 직분을 가진 것이 아니니 이와 같이 우리 많은 사람이 그리스도 안에서 한 몸이 되어 서로 지체가 되었느니라 우리에게 주신 은혜대로 받은 은사가 각각 다르니 혹 예언이면 믿음의 분수대로

시 119:67,71 고난당하기 전에는 내가 그릇 행하였더니 이제는 주의 말씀을 지키나이다 고난당한 것이 내게 유익이라 이로 인하여 내가 주의 율례를 배우게 되었나이다

시 119:73 주의 손이 나를 만들고 세우셨사오니 나로 깨닫게 하사 주의 계명을 배우게 하소서

시 95:6 오라 우리가 굽혀 경배하며 우리를 지으신 여호와 앞에 무릎을 꿇자

9 일

사랑하는 주님, 이 시간 주님 앞에 엎드려 경배합니다. 주님께서는 지혜가 무궁하신 창조주이십니다. 주님께서는 하늘과 땅과 그 가운데 있는 모든 것을 만드셨습니다. 주님께서 손수 만드신 모든 것을 보시니 보시기에 매우 좋았습니다. 주님께서는 나를 주님의 형상으로 지으시고 영광과 존귀로 관을 씌워 주셨습니다. 주님께서는 주님의 영광을 위하여 친히 나를 창조하시고 나를 보고 심히 좋아하셨습니다. 그리고 주님의 뜻대로 내게 고유한 강점과 능력과 특성들을 주셨습니다. 이 모든 사실을 인하여 주님께 찬양과 감사를 드립니다. 오 주님! 주님은 진실로 내게 선하신 분이십니다!

주님, 내가 자기자랑이나 거짓된 겸손에서가 아니라 참된 마음으로 주님께서 내게 주신 능력과 은사들을 즐길 수 있게 하시니 감사드립니다. 은사와 능력을 통해 나를 높이는 것이 아니라 주님을 찬양하고 높이나이다… 나에게 있는 것 중에 주님께로부터 받지 않은 것이 무엇입니까? 나의 모든 것, 내가 가진 모든 것이 다 주님으로부터 왔나이다… 모든 것은 하나님께로부터 나오고 하나님의 보살핌으로 보존되며 하나님의 영광을 위해 존재합니다. 이 모든 사실을 인하여 주님께 영광을 돌리나이다. 주님, 영광을 내게 돌리지 마옵소서. 내게 돌리지 마옵소서. 오직 주님의 인자하심과 진실하심을 인하여 주님의 이름에 돌리소서!

내가 주님께 특별히 감사드리는 것은 (내용을 구체적으로 기록하고 기도하십시오.)

참조 구절

창 1:27,31   하나님이 자기 형상 곧 하나님의 형상대로 사람을 창조하시되 남자와 여자를 창조하시고… 하나님이 그 지으신 모든 것을 보시니 보시기에 심히 좋았더라 저녁이 되며 아침이 되니 이는 여섯째 날이니라

시 8:3-6   주의 손가락으로 만드신 주의 하늘과 주의 베풀어 두신 달과 별들을 내가 보오니 사람이 무엇이관대 주께서 저를 생각하시며 인자가 무엇이관대 주께서 저를 권고하시나이까 저를 천사보다 조금 못하게 하시고 영화와 존귀로 관을 씌우셨나이다 주의 손으로 만드신 것을 다스리게 하시고 만물을 그 발 아래 두셨으니

사 43:7　무릇 내 이름으로 일컫는 자 곧 내가 내 영광을 위하여 창조한 자를 오게 하라 그들을 내가 지었고 만들었느니라

요 3:27　요한이 대답하여 가로되 만일 하늘에서 주신 바 아니면 사람이 아무것도 받을 수 없느니라

고전 4:7　누가 너를 구별하였느뇨 네게 있는 것 중에 받지 아니한 것이 무엇이뇨 네가 받았은즉 어찌하여 받지 아니한 것같이 자랑하느뇨

롬 12:3-6　내게 주신 은혜로 말미암아 너희 중 각 사람에게 말하노니 마땅히 생각할 그 이상의 생각을 품지 말고 오직 하나님께서 각 사람에게 나눠 주신 믿음의 분량대로 지혜롭게 생각하라 우리가 한 몸에 많은 지체를 가졌으나 모든 지체가 같은 직분을 가진 것이 아니니 이와 같이 우리 많은 사람이 그리스도 안에서 한 몸이 되어 서로 지체가 되었느니라 우리에게 주신 은혜대로 받은 은사가 각각 다르니, 혹 예언이면 믿음의 분수대로

벧전 4:10　각각 은사를 받은 대로 하나님의 각양 은혜를 맡은 선한 청지기같이 서로 봉사하라

롬 11:36　이는 만물이 주에게서 나오고 주로 말미암고 주에게로 돌아감이라 영광이 그에게 세세에 있으리로다 아멘

시 115:1　여호와여 영광을 우리에게 돌리지 마옵소서 우리에게 돌리지 마옵소서 오직 주의 인자하심과 진실하심을 인하여 주의 이름에 돌리소서

10 일

주님, 감사합니다. 신체적인 것이든 정신적인 것이든 감정적인 것이든 나의 여러 약한 것들을 인하여 주님께 감사드립니다… 사람들이 이상적으로 생각하는 것에 내가 미치지 못하는 것에 대해서도 주님께 감사드립니다… 나의 무력감과 열등감, 나의 고통과 고난에 대해서도 주님께 감사드립니다… 내가 약하다고 생각하는 나의 감정까지도 주님께서는 이해하고 계십니다. 이 사실을 아는 것이 얼마나 큰 힘과 위로가 되는지요!… 주님께서 무한한 지혜 가운데 내 삶에 이것들을 허락하셔서 나를 위한 주님의 목적을 이루는 데 기여하게 하셨습니다.

내가 특별히 감사드리는 것은, (구체적인 감사 내용을 적고 기도하십시오.)

주님, 나의 약점들을 인하여 감사드립니다. 나의 약점을 통해 나의 교만을 꺾으시고 주님과 겸손히 동행하게 하시니 감사드립니다… 겸손히 주님과 동행할 때 주님께서는 약속하신 대로 더 많은 은혜를 내게 베풀어 주십니다. 나를 도와주시고 나를 복 주시고 나를 강하게 하십니다. 나의 약한 것들을 깨닫게 하시니 감사드립니다. 이로 인하여 내 자신을 의지하지 않고 주님만을 의지하게 하시니 참으로 감사드립니다… 또한 나의 능력은 오직 주님으로부터 나옴을 알기에 감사와 찬양을 드립니다. 주님께는 부족한 것이 하나도 없나이다. 주님은 모든 것이 충만하신 하나님이십니다.

나의 약점과 결점과 단점을 인하여 주님께 찬양과 감사를 드립니다. 그것들을 통하여 주님의 영광과 나의 유익과 다른 사람들의 유익을 이루시니 감사드립니다. 그것들이 더 이상 필요 없게 될 때가 오면 주님께서는 그것들을 제거해 주실 것을 믿습니다. 이를 위해 주님의 능력을 믿고 의지할 수 있으니 감사드립니다… 그때까지는 나의 모든 약한 것들에 대하여 도리어 자랑할 수 있게 하시니 주님께 감사드립니다. 항상 주님의 은혜가 내게 족함을 인하여 감사드립니다. 내가 약할 그때에 주님의 능력이 온전히 나타나기 때문입니다.

참조 구절

히 4:15   우리에게 있는 대제사장은 우리 연약함을 체휼하지 아니하는 자가 아니요 모든 일에 우리와 한결같이 시험을 받은 자로되 죄는 없으시니라 롬 8:28-29 우리가 알거니와 하나님을 사랑하는 자 곧 그 뜻대로 부르심을 입은 자들에게는 모든 것이 합력하여 선을 이루느니라 하나님이 미리 아신 자들로 또한 그 아들의 형상을 본받게 하기 위하여 미리 정하셨으니 이는 그로 많은 형제 중에서 맏아들이 되게 하려 하심이니라

약 4:6 그러나 더욱 큰 은혜를 주시나니 그러므로 일렀으되 하나님이 교만한 자를 물리치시고 겸손한 자에게 은혜를 주신다 하였느니라

시 40:17 나는 가난하고 궁핍하오나 주께서는 나를 생각하시오니 주는 나의 도움이시요 건지시는 자시라 나의 하나님이여 지체하지 마소서

고후 3:5 우리가 무슨 일이든지 우리에게서 난 것같이 생각하여 스스로 만족할 것이 아니니 우리의 만족은 오직 하나님께로서 났느니라

고후 12:7-10 여러 계시를 받은 것이 지극히 크므로 너무 자고하지 않게 하시려고 내 육체에 가시 곧 사단의 사자를 주셨으니 이는 나를 쳐서 너무 자고하지 않게 하려 하심이니라 이것이 내게서 떠나기 위하여 내가 세 번 주께 간구하였더니 내게 이르시기를 내 은혜가 네게 족하도다 이는 내 능력이 약한 데서 온전하여짐이라 하신지라 이러므로 도리어 크게 기뻐함으로 나의 여러 약한 것들에 대하여 자랑하리니 이는 그리스도의 능력으로 내게 머물게 하려 함이라 그러므로 내가 그리스도를 위하여 약한 것과 능욕과 궁핍과 핍박과 곤란을 기뻐하노니 이는 내가 약할 그 때에 곧 강함이니라

11 일

　은혜로우시고 절대주권을 가지신 주 하나님, 감사와 찬양을 드립니다. 주님께서는 내가 태어난 날로부터 오늘까지 나와 함께하시고 나를 품에 안으시고 기르시고 인도하셨나이다… 주님께서는 태초부터 나의 인생의 종말을 다 아셨나이다… 주님께서 나를 위하여 정한 날들이 하나도 되기 전에 주님의 책에 다 기록이 되었나이다.

　주님의 은혜로운 계획을 인하여 감사드립니다. 나를 복 주시고 나를 사용하시려고 주님께서는 내가 고난의 시절을 거치게 하셨습니다. 이 타락한 세상에서 많은 사람들이 겪는 시련들을 똑같이 겪도록 허락하셨습니다… 주님의 지극히 선하심을 인하여 심히 기뻐하나이다. 주님께서는 우리가 보기에 최악의 상황 속에서도 주님의 손을 내미셔서 가장 아름다운 것을 만들어 내십니다… 주님께서 요셉의 삶 속에서 행하신 크고 놀라운 일을 생각할 때마다 얼마나 격려와 위로를 받는지 모릅니다… 남도 아닌 형들이 그를 미워하고 부당하게 대우하며 마침내 배반하고 팔아 버렸습니다… 그러나 주님께서는 이 모든 일이 합력하여 요셉과 그 가족에게, 그리고 셀 수 없이 많은 사람들에게 복이 되게 하셨습니다.

주님, 나의 과거에 일어난 모든 일들을 인하여 주님을 찬양합니다. 그게 즐거운 일이든 고통스런 일이든 주님을 찬양합니다. 이 모든 것들은 나의 삶과 다른 이들의 삶 속에 복을 주시려는 축복의 재료들이었습니다. 그러기에 가족을 인하여(만일 가족이 없는 경우에는 가족이 없음을 인하여) 주님께 감사드립니다. 주님께서 내게 주신 기회들과 또 주시지 않은 기회들을 인하여 주님께 감사드립니다. 그리고 나의 과거에 있었던 일들을 인하여 주님께 감사드립니다. 한계와 제약, 장애, 불운… 아물지 않은 오래된 상처… 채워지지 않은 감정적 필요, 다른 사람들의 잘못이나 무시… 그리고 내게 가한 잔인한 행동, 심히 부당한 대우까지도 주님께 감사드립니다.

주님, 나의 모든 환난에 동참하시니 찬양과 감사를 드립니다. 내가 고통당할 때 주님께서도 고통당하십니다. 이 사실이 얼마나 위로가 되는지요! 사랑하는 주 예수님, 주님께 심히 감사드리는 것은, 주님께서 십자가에서 내 죄뿐 아니라 내 아픔과 고통을 지시고 내 슬픔을 당하셨기 때문입니다. 이 시간 십자가 앞에 무릎 꿇고, 나의 모든 고통을 친히 담당하시고 철저히 경험하신 주님을 경배합니다. 피하고 떨쳐 버리고 싶은 이 모든 것이 나의 유익을 위한 것이라니요? 나를 향한 주님의 특별한 계획이라니요? 아직 펼쳐지지 않았지만 결국은 합력하여 선을 이룰 것을 약속하셨습니다. 이 사실을 생각할 때 얼마나 감사한지요!

나의 과거의 모든 환경을 허락하신 주님, 감사합니다. 이를 통해 내게 주님이 필요하다는 사실을 알게 하십니다. 주님의 말씀을 갈망하도록 나의 마음을 준비시키십니다. 이 모든 것이 나를 주님께로 이끌고, 나의 생을 위한 주님의 선한 목적들을 이루기 위해서였다니 너무도 감사합니다. 주님께서 만물의 통치자이심을 인하여 심히 즐거워하나이다. 주님은 과거에도 계셨고 지금도 계시고 앞으로도 영원히 항상 계실 것입니다. 내가 온전히는 알 수 없을지라도 내가 살아온 모든 날 동안 주님께서는 사랑과 지혜의 손길로 나와 함께하셨나이다.

주님, 내가 이 땅에서 잠시 받는 가벼운 환난은 그 무엇과도 비교할 수 없는 지극히 크고 영원한 영광을 가져다 줄 것을 믿습니다… 그러기에 보이는 것을 바라보지 않고 보이지 않는 것을 바라봅니다. 보이는 것은 잠깐이지만 보이지 않는 것은 영원하기 때문입니다… 주님께서 나를 위해 쌓아 두신 한량없이 크고 영원한 영광을 인하여 주님께 감사와 찬양을 드리나이다.

참조 구절

사 46:3 야곱 집이여 이스라엘 집의 남은 모든 자여 나를 들을지어다 배에서 남으로부터 내게 안겼고 태에서 남으로부터 내게 품기운 너희여

사 46:9-10 너희는 옛적 일을 기억하라 나는 하나님이라 나 외에 다른 이가 없느니라 나는 하나님이라 나 같은 이가 없느니라 내가 종말을 처음부터 고하며 아직 이루지 아니한 일을 옛적부터 보이고 이르기를 나의 모략이 설 것이니 내가 나의 모든 기뻐하는 것을 이루리라 하였노라

시 139:16 내 형질이 이루기 전에 주의 눈이 보셨으며 나를 위하여 정한 날이 하나도 되기 전에 주의 책에 다 기록이 되었나이다

고전 10:31 그런즉 너희가 먹든지 마시든지 무엇을 하든지 다 하나님의 영광을 위하여 하라

벧전 5:9 너희는 믿음을 굳게 하여 저를 대적하라 이는 세상에 있는 너희 형제들도 동일한 고난을 당하는 줄을 앎이니라

창 37장 (요셉이 형들의 미움을 받아 애굽으로 팔려 간 내용)

창 50:17-20 너희는 이같이 요셉에게 이르라 네 형들이 네게 악을 행하였을지라도 이제 바라건대 그 허물과 죄를 용서하라 하셨다 하라 하셨나니 당신의 아버지의 하나님의 종들의 죄를 이제 용서하소서 하매 요셉이 그 말을 들을 때에 울었더라 그 형들이 또 친히 와서 요셉의 앞에 엎드려 가로되 우리는 당신의 종이니이다 요셉이 그들에게 이르되 두려워 마소서 내가 하나님을 대신하리이까 당신들은 나를 해하여 하였으나 하나님은 그것을 선으로 바꾸사 오늘과 같이 만민의 생명을 구원하게 하시려 하셨나니

살전 5:18 범사에 감사하라 이는 그리스도 예수 안에서 너희를 향하신 하나님의 뜻이니라

사 63:9   그들의 모든 환난에 동참하사 자기 앞의 사자로 그들을 구원하시며 그 사랑과 그 긍휼로 그들을 구속하시고 옛적 모든 날에 그들을 드시며 안으셨으나

사 53:4   그는 실로 우리의 질고를 지고 우리의 슬픔을 당하였거늘 우리는 생각하기를 그는 징벌을 받아서 하나님에게 맞으며 고난을 당한다 하였노라

신 8:3   너를 낮추시며 너로 주리게 하시며 또 너도 알지 못하며 네 열조도 알지 못하던 만나를 네게 먹이신 것은 사람이 떡으로만 사는 것이 아니요 여호와의 입에서 나오는 모든 말씀으로 사는 줄을 너로 알게 하려 하심이니라

시 66:6-12   하나님이 바다를 변하여 육지 되게 하셨으므로 무리가 도보로 강을 통과하고 우리가 거기서 주로 인하여 기뻐하였도다 저가 그 능으로 영원히 치리하시며 눈으로 열방을 감찰하시나니 거역하는 자는 자고하지 말지어다(셀라) 만민들아 우리 하나님을 송축하며 그 송축 소리로 들리게 할지어다 그는 우리 영혼을 살려 두시고 우리의 실족함을 허락지 아니하시는 주시로다 하나님이여 주께서 우리를 시험하시되 우리를 단련하시기를 은을 단련함같이 하셨으며 우리를 끌어 그물에 들게 하시며 어려운 짐을 우리 허리에 두셨으며 사람들로 우리 머리 위로 타고 가게 하셨나이다 우리가 불과 물을 통행하였더니 주께서 우리를 끌어내사 풍부한 곳에 들이셨나이다

딤전 6:15   기약이 이르면 하나님이 그의 나타나심을 보이시리니 하나님은 복되시고 홀로 한 분이신 능하신 자이며 만왕의 왕이시며 만주의 주시요

고후 4:17-18 우리의 잠시 받는 환난의 경한 것이 지극히 크고 영원한 영광의 중한 것을 우리에게 이루게 함이니 우리의 돌아보는 것은 보이는 것이 아니요 보이지 않는 것이니 보이는 것은 잠깐이요 보이지 않는 것은 영원함이니라

12 일

　사랑하는 주님, 주님의 거룩한 이름에 찬양과 영광을 돌리나이다. 내가 그리스도 안에서 그리스도의 의로 말미암아 의롭다 하심을 받게 하시니 감사와 찬양을 드립니다… 이제 나는 의롭게 되었습니다! 마치 전에 죄라고는 한 번도 지어 본 적이 없었던 것처럼 주님 앞에서 완전히 의롭게 되었습니다… 예수님께서 십자가 위에서 나의 과거와 현재, 그리고 미래의 모든 죄까지 짊어지시고 내 대신 형벌을 받아 주셨으니 참으로 감사드립니다. 나를 거스리고 나를 대적하는 모든 채무 증서를 주님께서 도말하시고 제하여 버리셔서 십자가에 못 박으셨으니 얼마나 감사한지요!

　아버지 하나님, 이 시간 만물의 심판장이 되시는 주님 앞에 엎드려 경배합니다. 그날이 오면 나의 모든 삶을 주님 앞에서 회계할 것입니다. 주님께서는 온 땅을 재판하는 최고 법정의 최고 재판관이십니다… 주님께서 하신 말씀을 인하여 주님께 감사와 찬양을 드립니다. "그러므로 이제 그리스도 예수 안에 있는 자에게는 결코 정죄함이 없다"고 하셨습니다. 주님의 말씀은 결코 깨어질 수 없음을 인하여 감사드립니다. 내가 그리스도 예수 안에서 있으므로 이제는 결코 정죄함이 없음을 인하여 감사드립니다… 심판장이신 하나님께서 나를 의롭다고 하시는데 누가 감히 나를 송사하고 정죄하겠습니까?

그리스도로 말미암아 내가 이제부터 영원히 온전케 되었음을 인하여 심히 즐거워하나이다. 주님께서는 나를 온전히 깨끗케 하셨고, 나의 모든 점과 흠을 온전히 제거하셨으며, 나의 모든 죄를 온전히 용서하여 주셨습니다… 아무리 큰 잘못을 범해도, 아무리 자주 잘못을 해도, 그리고 조금 전에도 잘못을 범했을지라도, 주님께 자백하기만 하면 완전히 용서하시고 깨끗하게 하시고 새롭게 하여 주시니 얼마나 기쁜지요!

오, 놀라운 주님의 은혜를 인하여 주님을 찬양합니다. 주님께서는 아무 자격도 없는 나를 거저 받아 주시고 측량할 수 없는 은총을 베푸셨나이다! 주님의 용서를 얻기 위하여 아무것도 하지 말라니요. 이 얼마나 놀라운 은총인지요! 주님의 용서를 얻기 위하여 공로를 쌓으려고 애쓸 필요도 없고, 자신을 벌할 필요도 없고, 오랫동안 죄책감과 회한에 빠져 있을 필요도 없고, 자책할 필요도 없고, 고행을 할 필요도 없으니 감사드립니다… 내가 잘못 행한 일들에 대하여 후회나 수치나 부정이나 변명에 빠져 있을 필요도 없으니 감사드립니다. 주님께서 접시저울을 들고 나의 죄와 나의 실패와 나의 잘못을 상쇄할 선행을 쌓도록 요구하지 않으시니 감사하고 감사합니다. 이 모든 것이 주님의 은혜를 인하여 믿음으로 말미암아 된 줄 믿습니다… 이제 주님을 기쁘시게 하는 삶을 살 수 있도록 은총을 베풀어 주시니 얼마나 감사한지요. 주님께 근심과 슬픔이 아니라 기쁨과 즐거움을 드리는 삶을 살 수 있게 하시니 얼마나 감사한지요.

주님, 이 시간 내가 주님으로 인하여 크게 기뻐하며 내 영혼이 주님을 즐거워하나이다. 주님께서 구원의 옷과 의의 겉옷으로 내게 아름답게 입히심이 결혼식을 위해 단장한 신랑 같고 보석으로 치장한 신부 같게 하셨나이다.

참조 구절

고전 1:30   너희는 하나님께로부터 나서 그리스도 예수 안에 있고 예수는 하나님께로서 나와서 우리에게 지혜와 의로움과 거룩함과 구속함이 되셨으니

고후 5:21   하나님이 죄를 알지도 못하신 자로 우리를 대신하여 죄를 삼으신 것은 우리로 하여금 저의 안에서 하나님의 의가 되게 하려 하심이니라

롬 5:1   그러므로 우리가 믿음으로 의롭다 하심을 얻었은즉 우리 주 예수 그리스도로 말미암아 하나님으로 더불어 화평을 누리자

사 53:6   우리는 다 양 같아서 그릇 행하여 각기 제 길로 갔거늘 여호와께서는 우리 무리의 죄악을 그에게 담당시키셨도다

골 2:14   우리를 거스리고 우리를 대적하는 의문에 쓴 증서를 도말하시고 제하여 버리사 십자가에 못 박으시고

롬 14:12	이러므로 우리 각인이 자기 일을 하나님께 직고하리라
시 50:6	하늘이 그 공의를 선포하리니 하나님 그는 심판장이심이로다 (셀라)
시 96:13	저가 임하시되 땅을 판단하려 임하실 것임이라 저가 의로 세계를 판단하시며 그의 진실하심으로 백성을 판단하시리로다
롬 8:1	그러므로 이제 그리스도 예수 안에 있는 자에게는 결코 정죄함이 없나니
롬 8:33-34	누가 능히 하나님의 택하신 자들을 송사하리요 의롭다 하신 이는 하나님이시니 누가 정죄하리요 죽으실 뿐 아니라 다시 살아나신 이는 그리스도 예수시니 그는 하나님 우편에 계신 자요 우리를 위하여 간구하시는 자시니라

히 10:14	저가 한 제물로 거룩하게 된 자들을 영원히 온전케 하셨느니라
딛 3:4-5	우리 구주 하나님의 자비와 사람 사랑하심을 나타내실 때에 우리를 구원하시되 우리의 행한바 의로운 행위로 말미암지 아니하고 오직 그의 긍휼하심을 좇아 중생의 씻음과 성령의 새롭게 하심으로 하셨나니
요 13:10	예수께서 가라사대 이미 목욕한 자는 발밖에 씻을 필요가 없느니라 온 몸이 깨끗하니라 너희가 깨끗하나 다는 아니니라 하시니
롬 7:18-20,25	내 속 곧 내 육신에 선한 것이 거하지 아니하는 줄을 아노니 원함은 내게 있으나 선을 행하는 것은 없노라 내가 원하는바 선은 하지 아니하고 도리어 원치 아니하는바 악은 행하는도

　　　　　　다 만일 내가 원치 아니하는 그것을 하면 이를 행하는 자가 내가 아니요 내 속에 거하는 죄니라 우리 주 예수 그리스도로 말미암아 하나님께 감사하리로다 그런즉 내 자신이 마음으로는 하나님의 법을, 육신으로는 죄의 법을 섬기노라

시 130:3-4 여호와여 주께서 죄악을 감찰하실진대 주여 누가 서리이까 그러나 사유하심이 주께 있음은 주를 경외케 하심이니이다

엡 2:8 9 너희가 그 은혜를 인하여 믿음으로 말미암아 구원을 얻었나니 이것이 너희에게서 난 것이 아니요 하나님의 선물이라 행위에서 난 것이 아니니 이는 누구든지 자랑치 못하게 함이니라

시 103:10-14 우리의 죄를 따라 처치하지 아니하시며 우리의 죄악을 따라 갚지 아니하셨으니 이는 하늘이 땅에서 높음같이 그를 경외하는 자에게 그 인자하심이 크심이로다 동이 서에서 먼 것같이 우리 죄과를 우리에게서 멀리 옮기셨으며 아비가 자식을 불쌍히 여김같이 여호와께서 자기를 경외하는 자를 불쌍히 여기시나니 이는 저가 우리의 체질을 아시며 우리가 진토임을 기억하심이로다

롬 4:7-8 그 불법을 사하심을 받고 그 죄를 가리우심을 받는 자는 복이 있고 주께서 그 죄를 인정치 아니하실 사람은 복이 있도다 함과 같으니라

롬 11:6 만일 은혜로 된 것이면 행위로 말미암지 않음이니 그렇지 않으면 은혜가 은혜되지 못하느니라

롬 6:1-2 그런즉 우리가 무슨 말 하리요 은혜를 더하게 하려고 죄에 거하겠느뇨 그럴 수 없느니라 죄에 대하여 죽은 우리가 어찌 그 가운데 더 살리요

엡 2:10 　우리는 그의 만드신 바라 그리스도 예수 안에서 선한 일을 위하여 지으심을 받은 자니 이 일은 하나님이 전에 예비하사 우리로 그 가운데서 행하게 하려 하심이니라

사 61:10 　내가 여호와로 인하여 크게 기뻐하며 내 영혼이 나의 하나님으로 인하여 즐거워하리니 이는 그가 구원의 옷으로 내게 입히시며 의의 겉옷으로 내게 더하심이 신랑이 사모를 쓰며 신부가 자기 보물로 단장함 같게 하셨음이라

13 일

주 하나님 아버지, 이 시간 주님께 감사와 찬양을 드리나이다. 내가 영원히 아버지의 것이기 때문입니다… 아버지께서는 세상을 창조하시기 전에 그리스도 안에서 나를 택하시고… 나를 아버지께로 이끄셨습니다… 아버지께서는 사랑하는 독생자 예수님 안에서 나를 받아 주셨습니다. 아버지께서 독생자를 향해 품고 계신 영원한 사랑 속으로 나를 기쁘게 영접하여 주셨습니다… 이제 주님의 자녀인 나를 주님의 팔로 안으시고 "내가 너를 사랑하노라" 하고 말씀하여 주시니 감사와 찬양을 드립니다. 이처럼 나를 품에 안으시고 먹이시며 사랑으로 돌보시고 인도하여 주시니 감사드립니다.

내가 주님의 나라에서 영원한 기업을 얻게 하여 주시니 감사드립니다… 이 세상 그 어느 것도 나를 향한 주님의 무한하고 강렬한 사랑에서 나를 떼어 놓을 수 없습니다. 나는 그 사랑을 받을 만한 자격이 없사오나 주님께서는 그 사랑을 내게 주셨나이다… 그 사랑은 결코 줄어들거나 끊어질 수 없는 사랑입니다… 주님께서는 결코 나를 싫어하거나 버리시지 않으실 것을 믿고 감사드립니다. 주님께서는 이미 나에 대해 모든 것을 아십니다. 나의 과거와 현재와 미래를 다 감찰하시고 아십니다.

하나님 아버지, 나를 향한 아버지의 사랑이 얼마나 크신지요! 아버지께서는 나로 하여금 아버지의 자녀라 일컬음을 얻게 하셨습니다. 아버지께서는 나의 현재 모습 그대로 나를 보배롭고 존귀하게 여기시며 나를 사랑하십니다. 이 얼마나 놀라운 일인지요!

참조 구절

엡 1:4-5   곧 창세전에 그리스도 안에서 우리를 택하사 우리로 사랑 안에서 그 앞에 거룩하고 흠이 없게 하시려고 그 기쁘신 뜻대로 우리를 예정하사 예수 그리스도로 말미암아 자기의 아들들이 되게 하셨으니

요 6:44   나를 보내신 아버지께서 이끌지 아니하면 아무라도 내게 올 수 없으니 오는 그를 내가 마지막 날에 다시 살리리라

엡 1:6   이는 그의 사랑하시는 자 안에서 우리에게 거저 주시는바 그의 은혜의 영광을 찬미하게 하려는 것이라

요 17:23   곧 내가 저희 안에, 아버지께서 내 안에 계셔 저희로 온전함을 이루어 하나가 되게 하려 함은 아버지께서 나를 보내신 것과 또 나를 사랑하심같이 저희도 사랑하신 것을 세상으로 알게 하려 함이로소이다

호 11:3   그러나 내가 에브라임에게 걸음을 가르치고 내 팔로 안을지라도 내가 저희를 고치는 줄을 저희가 알지 못하였도다

사 40:11   그는 목자같이 양 무리를 먹이시며 어린양을 그 팔로 모아 품

에 안으시며 젖 먹이는 암컷들을 온순히 인도하시리로다

골 1:12 우리로 하여금 빛 가운데서 성도의 기업의 부분을 얻기에 합당하게 하신 아버지께 감사하게 하시기를 원하노라

렘 31:3 나 여호와가 옛적에 이스라엘에게 나타나 이르기를 내가 무궁한 사랑으로 너를 사랑하는 고로 인자함으로 너를 인도하였다 하였노라

롬 8:38-39 내가 확신하노니 사망이나 생명이나 천사들이나 권세자들이나 현재 일이나 장래 일이나 능력이나 높음이나 깊음이나 다른 아무 피조물이라도 우리를 우리 주 그리스도 예수 안에 있는 하나님의 사랑에서 끊을 수 없으리라

시 139:1-6 여호와여 주께서 나를 감찰하시고 아셨나이다 주께서 나의 앉고 일어섬을 아시며 멀리서도 나의 생각을 통촉하시오며 나의 길과 눕는 것을 감찰하시며 나의 모든 행위를 익히 아시오니 여호와여 내 혀의 말을 알지 못하시는 것이 하나도 없으시니이다 주께서 나의 전후를 두르시며 내게 안수하셨나이다 이 지식이 내게 너무 기이하니 높아서 내가 능히 미치지 못하나이다

요일 3:1 보라 아버지께서 어떠한 사랑을 우리에게 주사 하나님의 자녀라 일컬음을 얻게 하셨는고 우리가 그러하도다 그러므로 세상이 우리를 알지 못함은 그를 알지 못함이니라

사 43:4 내가 너를 보배롭고 존귀하게 여기고 너를 사랑하였은즉 내가 사람들을 주어 너를 바꾸며 백성들로 네 생명을 대신하리니

14 일

　하나님 아버지, 성령님께서 내 안에 거하시니 얼마나 기쁜지요!… 성령으로 말미암아 나의 속사람을 능력으로 강건하게 하시니 감사드립니다… 믿음으로 말미암아 그리스도께서 내 마음에 계시게 하시고, 나의 마음을 그리스도의 무한한 사랑으로 흘러넘치게 하시니 감사드립니다… 아버지의 충만하심으로 나를 충만케 하시며… 아버지께서 그리스도 안에서 내게 거저 주신 축복들을 알고 경험할 수 있게 하시니 감사드립니다… 나의 새로운 신분을 인하여 감사드립니다. 내게 이루 헤아릴 수 없는 영적 축복들을 베풀어 주시고 이를 개인적으로 누릴 수 있게 하시니 기쁨이 넘치나이다.

　하나님 아버지, 감사와 찬양을 드립니다. 나는 그리스도와 함께 십자가에 못 박혔고 이제는 그리스도의 생명으로 살아 있게 하시니 감사드립니다… 새로운 출생으로 말미암아 나는 옛 생활에 대해 죽었습니다. 아버지께서는 나를 다시 살리셔서 아버지와 살아 있는 관계를 맺게 하셨습니다… 그리하여 죄에 대하여는 죽고 아버지를 대하여는 살게 하시니 감사드립니다. 머리로 이해가 되든 안 되든, 사실로 느껴지든 안 느껴지든, 이 사실이 참되다는 사실을 인하여 감사드립니다… 이를 인하여 아버지를 찬양할 때, 성령께서 나로 하여금 더욱더욱 아버지 안에서의 나의 새로운 신분에 비추어 살 수 있게 하시니 감사드립니다. 성령께서 아버지의 말씀을 사용하셔서 세상과 육신과 마귀에 속한 관점과 가치관들에서 구해 주시니 감사드립니다… 그리고 성령께서 나의 마음을 새롭게 하셔서 아버지의 관점으로 사물을 보게 하심으로 새 생명 가운데서 행할 수 있게 하시니 감사드립니다.

그리스도께서 나의 밖에 계신 것이 아니라 내 안에 계심을 인하여 아버지를 찬양합니다. 그리스도께서는 약한 분이 아니라 막강한 능력을 가지신 분이심을 인하여 아버지를 찬양합니다… 그리스도로 말미암아 모든 삶에서 넉넉히 이기고 아버지의 뜻을 행하며 아버지의 사랑으로 사랑하고 모든 것을 할 수 있게 하시니 감사드립니다… 그리스도 안에서 성장하게 하시며, 은사를 계발하고 용량을 키울 수 있게 하시니 기쁨이 넘치나이다!… 내가 영원히 나의 과거에 속박당할 필요가 없게 하시니 감사드립니다. 또한 아버지께서 나를 위하여 마음속에 간직하고 계신 모든 것이 실제 이루어지는 날을 확신과 기쁨 가운데 기다릴 수 있게 하시니 얼마나 기쁜지요!

참조 구절

롬 8:9-10 만일 너희 속에 하나님의 영이 거하시면 너희가 육신에 있지

	아니하고 영에 있나니 누구든지 그리스도의 영이 없으면 그리스도의 사람이 아니라 또 그리스도께서 너희 안에 계시면 몸은 죄로 인하여 죽은 것이나 영은 의를 인하여 산 것이니라
엡 3:16-19	그 영광의 풍성을 따라 그의 성령으로 말미암아 너희 속사람을 능력으로 강건하게 하옵시며 믿음으로 말미암아 그리스도께서 너희 마음에 계시게 하옵고 너희가 사랑 가운데서 뿌리가 박히고 터가 굳어져서 능히 모든 성도와 함께 지식에 넘치는 그리스도의 사랑을 알아 그 넓이와 길이와 높이와 깊이가 어떠함을 깨달아 하나님의 모든 충만하신 것으로 너희에게 충만하게 하시기를 구하노라
갈 2:20	내가 그리스도와 함께 십자가에 못 박혔나니 그런즉 이제는 내가 산 것이 아니요 오직 내 안에 그리스도께서 사신 것이라 이제 내가 육체 가운데 사는 것은 나를 사랑하사 나를 위하여 자기 몸을 버리신 하나님의 아들을 믿는 믿음 안에서 사는 것이라
갈 6:14	그러나 내게는 우리 주 예수 그리스도의 십자가 외에 결코 자랑할 것이 없으니 그리스도로 말미암아 세상이 나를 대하여 십자가에 못 박히고 내가 또한 세상을 대하여 그러하니라
롬 6:1-11	그런즉 우리가 무슨 말 하리요 은혜를 더하게 하려고 죄에 거하겠느뇨 그럴 수 없느니라 죄에 대하여 죽은 우리가 어찌 그 가운데 더 살리요 무릇 그리스도 예수와 합하여 세례를 받은 우리는 그의 죽으심과 합하여 세례 받은 줄을 알지 못하느뇨 그러므로 우리가 그의 죽으심과 합하여 세례를 받음으로 그와 함께 장사되었나니 이는 아버지의 영광으로 말미암아 그리스도를 죽은 자 가운

데서 살리심과 같이 우리로 또한 새 생명 가운데서 행하게 하려 함이니라 만일 우리가 그의 죽으심을 본받아 연합한 자가 되었으면 또한 그의 부활을 본받아 연합한 자가 되리라 우리가 알거니와 우리 옛 사람이 예수와 함께 십자가에 못 박힌 것은 죄의 몸이 멸하여 다시는 우리가 죄에게 종노릇하지 아니하려 함이니 이는 죽은 자가 죄에서 벗어나 의롭다 하심을 얻었음이니라 만일 우리가 그리스도와 함께 죽었으면 또한 그와 함께 살 줄을 믿노니 이는 그리스도께서 죽은 가운데서 사셨으매 다시 죽지 아니하시고 사망이 다시 그를 주장하지 못할 줄을 앎이로라 그의 죽으심은 죄에 대하여 단번에 죽으심이요 그의 살으심은 하나님께 대하여 살으심이니 이와 같이 너희도 너희 자신을 죄에 대하여는 죽은 자요 그리스도 예수 안에서 하나님을 대하여는 산 자로 여길지어다

고후 13:3 이는 그리스도께서 내 안에서 말씀하시는 증거를 너희가 구함이니 저가 너희를 향하여 약하지 않고 도리어 너희 안에서 강하시니라

빌 4: 13 내게 능력 주시는 자 안에서 내가 모든 것을 할 수 있느니라

롬 8:37 그러나 이 모든 일에 우리를 사랑하시는 이로 말미암아 우리가 넉넉히 이기느니라

15 일

우리 아버지이신 하나님, 그리스도인의 삶이 스스로 자신을 고치고 발전시켜 나가야 하는 힘든 자기 개선 과정이 아님을 인하여 감사와 찬양을 드립니다… 아버지께서는 나의 단점이나 잘못을 나 자신의 방법과 자원으로 극복해 나가기를 요구하지 않으시니 감사드립니다… 대신 내 안에서, 내 상황 속에서 역사하셔서 나의 옛 사고방식과 행동 패턴들을 깨뜨리시니 감사드립니다. 그리고 내 안에 아버지의 은혜로운 뜻을 행하려는 마음과 힘을 주시니 감사드립니다. 또 나로 하여금 하나님 아버지께 기쁨이 되게 하시니 감사드립니다.

또한 우리 주 예수 그리스도를 인하여 감사와 찬양을 드립니다. 주님께서 내 안에 있는 모든 뒤엉킨 것을 푸시며 나의 모든 콤플렉스를 떨어 버리시니 감사드립니다. 나의 굳어진 생각과 행동 방식까지도 능히 바꾸실 수 있으니 감사드립니다. 그게 나의 잠재의식 속에 아무리 깊이 새겨져 있다 해도 능히 변화시킬 수 있으시니 찬양을 드립니다. 또한 나를 깨우치고 성장하도록 돕기 위해 여러 방법으로 사람들을 사용하심을 인하여 감사드립니다… 친히 나의 문제의 유일한 해답이 되시는 주님을 찬양합니다. 나의 가장 깊은 필요를 채울 수 있는 유일한 근원이 되시니 감사드립니다. 주님께서는 모략이 기묘하시며 능력이 무한하시고 지혜가 광대하시나이다. 주님께서는 나를 치료하시되 나의 내면에서부터 근본적으로 치료하시는 분이십니다. 이 모든 사실을 인하여 내가 심히 기뻐하고 즐거워하나이다.

또한 성령님을 인하여 감사와 찬양을 드립니다. 성령님께서는 지혜와 총명의 신이요 모략과 재능의 신이십니다. 성령께서 내 안에 계셔서 주님의 말씀을 통해 나를 일깨워 주시니 감사드립니다… 물이 먼지와 쓰레기를 씻어 버리듯이 나의 염려와 두려움, 나의 원망과 적대감, 나의 죄책감과 후회, 이 모든 것을 씻어 버리시니 감사드립니다… 성령으로 계속 나를 충만케 하셔서 나의 마음을 주님의 사랑으로 흘러넘치게 하시니 감사드립니다… 나를 통하여 사랑과 희락과 화평과 오래 참음과 자비와 양선과 충성과 온유와 절제의 열매를 맺으시니 감사드립다… 시간이 가고 날이 가고 달이 가고 해가 갈수록 모든 것에 대하여 감사할 수 있게 하시니 감사드립니다. 그리스도 안에서 역사하셔서 죽은 자들 가운데서 다시 살리신 그 능력으로 내 안에서 역사하시니 감사드립니다. 그리하여 내가 구하거나 생각하는 것 훨씬 그 이상으로 능히 하실 수 있으시니 기쁨이 넘치나이다.

참조 구절

요 15:5   나는 포도나무요 너희는 가지니 저가 내 안에, 내가 저 안에 있으면 이 사람은 과실을 많이 맺나니 나를 떠나서는 너희가 아무것도 할 수 없음이라

빌 2:13   너희 안에서 행하시는 이는 하나님이시니 자기의 기쁘신 뜻을 위하여 너희로 소원을 두고 행하게 하시나니

히 10:24-25   서로 돌아보아 사랑과 선행을 격려하며 모이기를 폐하는 어떤 사람들의 습관과 같이 하지 말고 오직 권하여 그날이 가까움을 볼수록 더욱 그리하자

엡 4:16   그에게서 온 몸이 각 마디를 통하여 도움을 입음으로 연락하고 상합하여 각 지체의 분량대로 역사하여 그 몸을 자라게 하며 사랑 안에서 스스로 세우느니라

요 6:35   예수께서 가라사대 내가 곧 생명의 떡이니 내게 오는 자는 결코 주리지 아니할 터이요 나를 믿는 자는 영원히 목마르지 아니하리라

요 7:37-38   명절 끝 날 곧 큰 날에 예수께서 서서 외쳐 가라사대 누구든지 목마르거든 내게로 와서 마시라 나를 믿는 자는 성경에 이름과 같이 그 배에서 생수의 강이 흘러나리라 하시니

사 9:6   이는 한 아기가 우리에게 났고 한 아들을 우리에게 주신 바 되었는데 그 어깨에는 정사를 메었고 그 이름은 기묘자라, 모사라, 전능하신 하나님이라, 영존하시는 아버지라, 평강의 왕이라 할 것임이라

사 28:29　이도 만군의 여호와께로서 난 것이라 그의 모략은 기묘하며 지혜는 광대하니라

사 11:2　여호와의 신 곧 지혜와 총명의 신이요 모략과 재능의 신이요 지식과 여호와를 경외하는 신이 그 위에 강림하시리니

요 16:13　그러하나 진리의 성령이 오시면 그가 너희를 모든 진리 가운데로 인도하시리니 그가 자의로 말하지 않고 오직 듣는 것을 말하시며 장래 일을 너희에게 알리시리라

엡 5:17-20　그러므로 어리석은 자가 되지 말고 오직 주의 뜻이 무엇인가 이해하라 술 취하지 말라 이는 방탕한 것이니 오직 성령의 충만을 받으라 시와 찬미와 신령한 노래들로 서로 화답하며 너희의 마음으로 주께 노래하며 찬송하며 범사에 우리 주 예수 그리스도의 이름으로 항상 아버지 하나님께 감사하며

롬 5:5　소망이 부끄럽게 아니함은 우리에게 주신 성령으로 말미암아 하나님의 사랑이 우리 마음에 부은 바 됨이니

갈 5:22-23　오직 성령의 열매는 사랑과 희락과 화평과 오래 참음과 자비와 양선과 충성과 온유와 절제니 이 같은 것을 금지할 법이 없느니라

엡 1:19-22　그의 힘의 강력으로 역사하심을 따라 믿는 우리에게 베푸신 능력의 지극히 크심이 어떤 것을 너희로 알게 하시기를 구하노라 그 능력이 그리스도 안에서 역사하사 죽은 자들 가운데서 다시 살리시고 하늘에서 자기의 오른편에 앉히사 모든 정사와 권세와 능력과 주관하는 자와 이 세상뿐 아니라 오는 세상에 일컫는 모든 이름 위에 뛰어나게 하시고 또 만물을 그 발 아래 복종하게 하시고 그를 만물 위에 교회의 머리로 주

           셨느니라
엡 3:20   우리 가운데서 역사하시는 능력대로 우리의 온갖 구하는 것이
           나 생각하는 것에 더 넘치도록 능히 하실 이에게

16 일

사랑하는 주님, 감사합니다. 나를 보배롭고 존귀하게 여기시고 나를 사랑하시니 감사드립니다. 주님의 나라에서 가장 작은 자라도 이 땅에서 가장 뛰어나고 성공한 사람보다 주님 보시기에는 더 큰 자입니다. 하늘의 왕 되신 지극히 높으신 주님을 찬양하나이다. 하늘 보좌에 앉으신 주님께서는 하늘과 땅의 모든 권세 위에 뛰어나십니다. 그리스도 안에서 나에게 하나님의 자녀와 상속자라는 존귀한 지위를 주시니 얼마나 놀라운지요!

주님의 놀라운 은혜를 인하여 내 영혼이 기뻐 뛰나이다. 나를 그리스도와 함께 살리시고 함께 하늘에 앉게 하시니 감사드립니다. 모든 정사와 권세와 능력과 주관하는 자와 이 세상뿐 아니라 오는 세상에 일컫는 모든 이름 위에 뛰어나신 주님을 찬양하나이다… 주님의 나라에서 내게 존귀한 지위를 주시니 감사드립니다. 그 지위야말로 진실로 중요하고 영원한 가치를 지닌 지위입니다.

또한 내가 성취해야 할 가장 큰 목표를 주시고 내가 살아야 할 최고의 이유를 주시니 감사드립니다. 곧 주님을 알고 사랑하는 것입니다… 주님의 사랑을 다른 사람들에게 나타내 보여 주는 것입니다… 주님을 영화롭게 하는 것입니다… 이제와 영원토록 주님을 즐거워하는 것입니다. 이 얼마나 영광스러운 일인지요!

나의 새로운 신분을 인하여 감사드립니다. 그리스도 안에서 새로운 피조물이 되게 하시니 감사드립니다. 이제 나의 신분이 달라졌습니다. 그리스도와 연합하여 새 사람이 되게 해 주시니 감사드립니다… 나는 주님의 걸작품입니다. 티도 없고 흠도 없는 보석처럼 맑고 영롱한 빛을 발산하도록 새로이 창조하셨습니다. 생각할수록 너무나도 감격스럽습니다… 주님의 아름답고 영광스런 속성들을 더욱 온전히 누리고 드러내도록 하기 위해 지금도 나를 갈고 닦고 계심을 인하여 주님께 감사드립니다!

참조 구절

사 43:4 　내가 너를 보배롭고 존귀하게 여기고 너를 사랑하였은즉 내가 사람들을 주어 너를 바꾸며 백성들로 네 생명을 대신하리니

마 11:11 　내가 진실로 너희에게 말하노니 여자가 낳은 자 중에 세례 요한보다 큰 이가 일어남이 없도다 그러나 천국에서는 극히 작은 자라도 저보다 크니라

롬 8:16-17 　성령이 친히 우리 영으로 더불어 우리가 하나님의 자녀인 것을 증거하시나니 자녀이면 또한 후사 곧 하나님의 후사요 그

리스도와 함께한 후사니 우리가 그와 함께 영광을 받기 위하여 고난도 함께 받아야 될 것이니라

엡 2:6 　또 함께 일으키사 그리스도 예수 안에서 함께 하늘에 앉히시니

엡 1:20-21 　그 능력이 그리스도 안에서 역사하사 죽은 자들 가운데서 다시 살리시고 하늘에서 자기의 오른편에 앉히사 모든 정사와 권세와 능력과 주관하는 자와 이 세상뿐 아니라 오는 세상에 일컫는 모든 이름 위에 뛰어나게 하시고

요 17:3 　영생은 곧 유일하신 참하나님과 그의 보내신 자 예수 그리스도를 아는 것이니이다

마 22:37-38 　예수께서 가라사대 네 마음을 다하고 목숨을 다하고 뜻을 다하여 주 너의 하나님을 사랑하라 하셨으니 이것이 크고 첫째 되는 계명이요

벧전 4:8-11 　무엇보다도 열심으로 서로 사랑할지니 사랑은 허다한 죄를 덮느니라 서로 대접하기를 원망 없이 하고 각각 은사를 받은 대로 하나님의 각양 은혜를 맡은 선한 청지기같이 서로 봉사하라 만일 누가 말하려면 하나님의 말씀을 하는 것같이 하고 누가 봉사하려면 하나님의 공급하시는 힘으로 하는 것같이 하라 이는 범사에 예수 그리스도로 말미암아 하나님이 영광을 받으시게 하려 함이니 그에게 영광과 권능이 세세에 무궁토록 있느니라 아멘

사 43:7 　무릇 내 이름으로 일컫는 자 곧 내가 내 영광을 위하여 창조한 자를 오게 하라 그들을 내가 지었고 만들었느니라

요 17:24	아버지여 내게 주신 자도 나 있는 곳에 나와 함께 있어 아버지께서 창세전부터 나를 사랑하시므로 내게 주신 나의 영광을 저희로 보게 하시기를 원하옵나이다
고후 5:17	그런즉 누구든지 그리스도 안에 있으면 새로운 피조물이라 이전 것은 지나갔으니 보라 새 것이 되었도다
엡 2:10	우리는 그의 만드신 바라 그리스도 예수 안에서 선한 일을 위하여 지으심을 받은 자니 이 일은 하나님이 전에 예비하사 우리로 그 가운데서 행하게 하려 하심이니라
벧전 2:9	오직 너희는 택하신 족속이요 왕 같은 제사장들이요 거룩한 나라요 그의 소유된 백성이니 이는 너희를 어두운 데서 불러내어 그의 기이한 빛에 들어가게 하신 자의 아름다운 덕을 선전하게 하려 하심이라

17 일

　주님, 감사합니다. 주님께서 바로 지금 나를 원하시는 그곳에 나를 두셨나이다… 내가 비록 잘못된 선택을 하거나 주님께 무관심하거나 심지어 주님을 거스를지라도, 주님께서는 나의 실수와 죄들을 내가 존재하기 전에 이미 알고 계십니다. 나를 주님께로 이끄시어 나를 빚으시고 복 주시며, 나아가 나를 통하여 다른 사람들을 복 주시려는 주님의 계획 가운데 이 모든 것을 허락하셨나이다… 내가 지금 다른 사람들의 악의나 잘못된 비방으로 어려움을 겪고 있을지라도 모든 일이 형통할 것을 믿고 감사드립니다. 주님께서 절대주권 가운데 무궁하신 지혜로 나의 과거의 모든 결정과 나의 통제를 넘어서는 과거의 모든 사건 속에서 역사하셔서 나를 위해, 그리고 다른 사람들을 위해 선한 결과를 이루시기 때문입니다… 주님께서 요셉을 위하여 행하신 일들을 인하여 다시 감사드립니다. 주님께서는 요셉에게 일어난 끔찍한 일들을 선으로 바꾸어 주셨습니다. 요셉은 노예로 팔려 먼 나라로 추방되었고 나중에는 거짓 고소로 옥에 갇혔습니다… 이 모든 것을 통하여 주님께서는 매우 중요한 이유로 가장 적당한 때에 가장 적당한 장소에 그를 두셨나이다… 주님께서 오늘날도 똑같이 행하시니 얼마나 기쁜지요! 주님께서는 지금도 우리를 위하여 역사하셔서 능히 악을 선으로 바꾸실 수 있습니다. 깊고도 부요한 주님의 지혜를 인하여 주님을 찬양합니다. 주님께서 나를 위하여 일하시는 방법은 내가 도저히 헤아릴 수도 없고 찾을 수도 없습니다. 오직 주님만 아시기에 주님을 믿고 의지할 뿐입니다. 주님을 믿고 의지할 수 있으니 얼마나 안심이 되는지요!

주님, 나의 거처와 상황을 주님께 안전하게 맡길 수 있으니 감사드립니다. 주님께서 나를 어디에 두시든 기쁜 마음으로 받아들이겠습니다. 주님께서는 주님의 뜻대로 인생이라는 바둑판에서 나를 가져다 어디에든지 놓으실 수 있습니다. 인생이라는 정원에서 어느 곳에든지 심으실 수 있습니다. 주님께서 기뻐하시는 대로 언제 어느 곳에 어떻게 나를 두셔도 즐거이 받아들이겠습니다. 주님께서 장차 나를 어디에 두실지는 모르지만 주님을 믿고 의지할 수 있으니 감사드립니다. 나는 어디든지 가고 어디든지 머물 준비가 되어 있습니다.

주님께서 오늘 이 자리에 나를 두셨음을 인하여 내 영혼이 안식을 누립니다… 내가 주님의 뜻대로 행하기를 구할 때 주님께서 모든 삶에 걸쳐 나를 인도하실 줄을 믿습니다. 주님께서 원하시는 바로 그곳으로 나를 신실하게 인도하실 줄을 믿습니다. 이 모든 사실을 인하여 주님께 감사와 찬양을 드립니다.

그 무엇보다도 내가 주님 안에 거하고 있다는 사실을 인하여 감사와 찬양을 드립니다. 주님께서 영원히 나의 거처가 되시고 나의 집이 되시니 내 영혼이 심히 기뻐하나이다… 그러기에 내가 이 땅 어디에 있든 거기서 자리를 잡고 편안히 거하며 만족을 누릴 수 있습니다… 주님만이 복되고 안전한 나의 안식처이십니다. 아무리 환난이 바다 물결처럼 휘몰아치며 나를 에워쌀 때에도 그 속에서도 안식을 누릴 수 있으니 감사합니다. 내 영혼이 주님의 은밀한 곳에 숨으며… 주님의 날개 그늘 아래 피하며… 주님의 식탁에서 먹으며… 주님의 기쁨의 강물로 배불리 마시게 하시니 얼마나 기쁜지요!… 나의 왕, 나의 하나님이여, 주님께서 나를 택하시고 나를 가까이 오게 하셔서 나로 주님 존전에서 살며 주님의 즐거움을 누리며 주님의 조언을 구하게 하셨으니 얼마나 복된지요!… 영원히 주님의 집에 거할 것을 생각하니 얼마나 기쁜지요!

참조 구절

사 46:9　너희는 옛적 일을 기억하라 나는 하나님이라 나 외에 다른 이가 없느니라 나는 하나님이라 나 같은 이가 없느니라

창 37장　(요셉이 형들의 미움을 받아 애굽으로 팔려 감)

창 39장　(요셉이 노예로 애굽으로 팔려 갔으나 하나님의 도우심으로 형통함)

시 105:16-20　그가 또 기근을 불러 그 땅에 임하게 하여 그 의뢰하는 양식을 다 끊으셨도다 한 사람을 앞서 보내셨음이여 요셉이 종으

로 팔렸도다 그 발이 차꼬에 상하며 그 몸이 쇠사슬에 매였으니 곧 여호와의 말씀이 응할 때까지라 그 말씀이 저를 단련하였도다 왕이 사람을 보내어 저를 방석함이여 열방의 통치자가 저로 자유케 하였도다

창 50:20　당신들은 나를 해하려 하였으나 하나님은 그것을 선으로 바꾸사 오늘과 같이 만민의 생명을 구원하게 하시려 하셨나니

롬 11:33　깊도다 하나님의 지혜와 지식의 부요함이여, 그의 판단은 측량치 못할 것이며 그의 길은 찾지 못할 것이로다

시 37:5　너의 길을 여호와께 맡기라 저를 의지하면 저가 이루시고

시 73:24　주의 교훈으로 나를 인도하시고 후에는 영광으로 나를 영접하시리니

계 3:7-8　빌라델비아 교회의 사자에게 편지하기를 거룩하고 진실하사 다윗의 열쇠를 가지신 이 곧 열면 닫을 사람이 없고 닫으면 열 사람이 없는 그이가 가라사대 볼지어다 내가 네 앞에 열린 문을 두었으되 능히 닫을 사람이 없으리라 내가 네 행위를 아노니 네가 적은 능력을 가지고도 내 말을 지키며 내 이름을 배반치 아니하였도다

신 1:33　그는 너희 앞서 행하시며 장막 칠 곳을 찾으시고 밤에는 불로, 낮에는 구름으로 너희의 행할 길을 지시하신 자니라

시 90:1　주여 주는 대대에 우리의 거처가 되셨나이다

시 91:1　지존자의 은밀한 곳에 거하는 자는 전능하신 자의 그늘 아래

거하리로다

시 31:20　주께서 저희를 주의 은밀한 곳에 숨기사 사람의 꾀에서 벗어나게 하시고 비밀히 장막에 감추사 구설의 다툼에서 면하게 하시리이다

시 36:7-8　하나님이여 주의 인자하심이 어찌 그리 보배로우신지요 인생이 주의 날개 그늘 아래 피하나이다 저희가 주의 집의 살찐 것으로 풍족할 것이라 주께서 주의 복락의 강수로 마시우시리이다

시 65:4　주께서 택하시고 가까이 오게 하사 주의 뜰에 거하게 하신 사람은 복이 있나이다 우리가 주의 집 곧 주의 성전의 아름다움으로 만족하리이다

시 27:4-5　내가 여호와께 청하였던 한 가지 일 곧 그것을 구하리니 곧 나로 내 생전에 여호와의 집에 거하여 여호와의 아름다움을 앙망하며 그 전에서 사모하게 하실 것이라 여호와께서 환난 날에 나를 그 초막 속에 비밀히 지키시고 그 장막 은밀한 곳에 나를 숨기시며 바위 위에 높이 두시리로다

요 15:5　나는 포도나무요 너희는 가지니 저가 내 안에, 내가 저 안에 있으면 이 사람은 과실을 많이 맺나니 나를 떠나서는 너희가 아무것도 할 수 없음이라

시 23:6　나의 평생에 선하심과 인자하심이 정녕 나를 따르리니 내가 여호와의 집에 영원히 거하리로다

18 일

하나님 아버지, 아버지의 무궁한 사랑과 절대주권을 인하여 내 영혼이 찬양하며 기뻐 뛰나이다. 아버지를 사랑하는 자들 곧 아버지의 뜻대로 부르심을 입은 자들에게는 모든 것이 합력하여 선을 이루게 하시니 감사드립니다. 그러기에 내 삶 속의 모든 혼란스럽고 굴욕적인 상황에 대해서… 나를 정련하고 깨끗케 하기 위해 주님께서 허락하시는 모든 과정에 대해서… 모든 문제와 장애물에 대해서… 내 안에 염려와 분노와 고통을 일으키는 모든 것에 대해서 감사드립니다… 그리고 앞으로 매일 매시간 닥쳐 올 수 있는 어떠한 실망, 어떠한 의무, 어떠한 압력, 어떠한 방해에 대해서도 미리 감사를 드립니다.

그리하여 내 눈을 주님에게서 떼었을 때 무슨 생각이 들고 무엇을 느끼든, 나의 생각과 느낌에 좌우되지 않고, 나의 시련들에 대하여 침입자로 여겨 거부하는 게 아니라 친구로 여기고 기쁘게 환영하겠나이다.

모든 어려움은 하나하나가 각각 주님께서 역사하시는 것을 볼 수 있는 기회가 됨을 인하여 감사드립니다… 주님께서 주님의 때에 풍요로운 땅으로 나를 인도하실 줄 믿습니다… 주님께서 각각의 문제, 각각의 갈등, 각각의 싸움들을 통해 나를 부요케 하시고 아름답게 하기로 계획하셨으니 감사드립니다… 그것들을 통하여 주님께서는 나의 약점과 필요, 나의 숨은 죄, 나의 자기중심적인 태도, 그리고 특히 자기를 의뢰하는 태도와 교만, 자기를 믿고 우쭐해하는 마음을 드러내십니다… 주님께서 시련을 사용하사 나를 낮추셔서 겸손케 하시고 나의 믿음을 단련하셔서 온전케 하시며 내 속에 인내의 성품을 이루심을 인하여 감사드립니다… 시련을 통해 주님께서 내가 잘 성장할 수 있도록 내 마음 밭을 갈아 비옥하게 준비시켜 주시니 감사드립니다… 내 눈의 초점을 계속 주님께 맞출 때 잠시 받는 나의 환난이 이 환난을 훨씬 뛰어넘는 지극히 크고 영원한 영광을 이루고 있음을 알게 하여 주시니 감사드립니다… 주님, 때로는 환난이 없는 쉽고 평탄한 삶을 원할 때가 있습니다. 하지만 그게 나의 진정한 열망은 아닙니다. 주님을 영화롭게 하고 주님과 친밀한 교제를 즐기며 날마다 그리스도를 더욱 닮아 가기를 간절히 원하나이다. 환난을 통해서 내 영혼 깊은 곳에 있는 열망을 채워 주시니 진심으로 감사드립니다.

> 고통스런 일을 인하여 주님께 감사드립니다.
> 그것은 나의 은밀한 처소를 강타하여
> 나를 안일한 길에서 몰아내었으나
> 사실은 은혜 속으로 인도하는 친구였습니다.
> - 플로렌스 윌렛

참조 구절

롬 8:28-29 우리가 알거니와 하나님을 사랑하는 자 곧 그 뜻대로 부르심을 입은 자들에게는 모든 것이 합력하여 선을 이루느니라 하나님이 미리 아신 자들로 또한 그 아들의 형상을 본받게 하기 위하여 미리 정하셨으니 이는 그로 많은 형제 중에서 맏아들이 되게 하려 하심이니라

벧전 1:6-7 그러므로 너희가 이제 여러 가지 시험을 인하여 잠깐 근심하게 되지 않을 수 없었으나 오히려 크게 기뻐하도다 너희 믿음의 시련이 불로 연단하여도 없어질 금보다 더 귀하여 예수 그리스도의 나타나실 때에 칭찬과 영광과 존귀를 얻게 하려 함이라

약 1:2-4 내 형제들아 너희가 여러 가지 시험을 만나거든 온전히 기쁘게 여기라 이는 너희 믿음의 시련이 인내를 만들어 내는 줄 너희가 앎이라 인내를 온전히 이루라 이는 너희로 온전하고 구비하여 조금도 부족함이 없게 하려 함이라

시 68:8-12 땅이 진동하며 하늘이 하나님 앞에서 떨어지며 저 시내산도 하나님 곧 이스라엘의 하나님 앞에서 진동하였나이다 하나님이여 흡족한 비를 보내사 주의 산업이 곤핍할 때에 견고케 하셨고 주의 회중으로 그 가운데 거하게 하셨나이다 하나님이여 가난한 자를 위하여 주의 은택을 준비하셨나이다 주께서 말씀을 주시니 소식을 공포하는 여자가 큰 무리라 여러 군대의 왕들이 도망하고 도망하니 집에 거한 여자도 탈취물을 나

누도다

시 138:7-8   내가 환난 중에 다닐지라도 주께서 나를 소성케 하시고 주의 손을 펴사 내 원수들의 노를 막으시며 주의 오른손이 나를 구원하시리이다 여호와께서 내게 관계된 것을 완전케 하실지라 여호와여 주의 인자하심이 영원하오니 주의 손으로 지으신 것을 버리지 마옵소서

욥 23:10   나의 가는 길을 오직 그가 아시나니 그가 나를 단련하신 후에는 내가 정금같이 나오리라

신 8:2-3   네 하나님 여호와께서 이 사십년 동안에 너로 광야의 길을 걷게 하신 것을 기억하라 이는 너를 낮추시며 너를 시험하사 네 마음이 어떠한지 그 명령을 지키는지 아니 지키는지 알려 하심이라 너를 낮추시며 너로 주리게 하시며 또 너도 알지 못하며 네 열조도 알지 못하던 만나를 네게 먹이신 것은 사람이 떡으로만 사는 것이 아니요 여호와의 입에서 나오는 모든 말씀으로 사는 줄을 너로 알게 하려 하심이니라

신 8:16-17   네 열조도 알지 못하던 만나를 광야에서 네게 먹이셨나니 이는 다 너를 낮추시며 너를 시험하사 마침내 네게 복을 주려 하심이었느니라 또 두렵건대 네가 마음에 이르기를 내 능과 내 손의 힘으로 내가 이 재물을 얻었다 할까 하노라

고후 4:17-18   우리의 잠시 받는 환난의 경한 것이 지극히 크고 영원한 영광의 중한 것을 우리에게 이루게 함이니 우리의 돌아보는 것은 보이는 것이 아니요 보이지 않는 것이니 보이는 것은 잠깐이요 보이지 않는 것은 영원함이니라

요 12:27-28   지금 내 마음이 민망하니 무슨 말을 하리요 아버지여 나를 구원하여 이때를 면하게 하여 주옵소서 그러나 내가 이를 위하

여 이때에 왔나이다 아버지여 아버지의 이름을 영광스럽게 하옵소서 하시니 이에 하늘에서 소리가 나서 가로되 내가 이미 영광스럽게 하였고 또 다시 영광스럽게 하리라 하신대

19 일

　주님, 나에게 복이 되는 사람들을 인하여 감사드립니다… 가족과 친구와 이웃에 대하여… 어린 자녀들에 대하여… 그리스도 안의 형제 자매들에 대하여… 동료들과 지도자들에 대하여… 목사와 교사들에 대하여… 그리고 이외에 다른 사람들, 이를테면 군인, 경찰, 우편배달부, 청소부… 이 모든 사람들에 대하여 주님께 감사드립니다… 나의 필요를 채우고 나의 길을 밝게 비추며 나의 짐을 가볍게 하고… 주님께 대한 나의 지식을 부요케 하며 내게 조언하고 바르게 하며 나를 살찌게 하고 믿음 안에서 나를 세워 주기 위해 주님께서 이 사람들을 여러 방법으로 사용하시니 감사드립니다… 특히 그리스도 안의 형제 자매들과의 교제가 얼마나 유익하고 즐거운지요! 이 모든 사람들을 나의 삶 속으로 이끌어 오심을 감사드립니다.

　내가 주님께 특별히 감사드리는 것은, (구체적인 감사 내용을 적고 기도하십시오.)

주님, 내가 가장 존경하는 사람들까지도 흠이 있다는 사실을 인하여 감사드립니다. 오직 주님만이 흠이 하나도 없이 언제나 완전하시니 찬양과 감사를 드립니다… 사람들은 아무리 최선을 다한다 해도 나의 가장 깊은 필요를 채울 수는 없습니다… 때때로 그들은 나를 오해하고 나를 실망시키고 내게 너무 많은 것을 기대하고 또한 내가 그들을 필요로 할 때 항상 나와 함께해 줄 수는 없나이다… 나의 가장 좋은 친구가 되시고 어려울 때 나의 영원한 도움이 되시는 주님께서 늘 내 곁에 계심으로 내가 일주일에 7일, 매일 매시 언제든지 즉각 주님의 도움을 얻을 수 있으니 기쁘기 그지없나이다… 주님께서는 순수하고 오염되지 않은 샘이십니다. 그 샘에서 흘러넘치는 사랑의 샘물을 날마다 마시며 살게 하시니 그저 주님께 감사할 뿐입니다. 나는 이 땅의 사람들을 즐거워합니다. 그러나 내가 의지할 대상은 오직 주님뿐이기에 주님께 나아가나이다. 오직 주님만이 완전한 분이십니다. 주님만이 거룩하고 악이 없고 더러움이 없으십니다. 주님만이 그 사랑에 흠 없는 분이십니다… 주님만이 나의 최고의 찬양을 받으시기에 합당한 분이십니다. 오 하나님, 주님 같은 분이 누구입니까? 주님과 비교할 자 아무도 없나이다!

> 내 영혼의 깊은 필요를 채우지 못하는
> 친구들을 인하여 오히려 주님께 감사드립니다.
> 그들은 나로 주님 발 앞에 엎드려
> 주님의 사랑을 받아먹게 하였나이다.

지금까지 살아오면서 아무도 내게
참된 만족을 주지 못했음을 인하여 감사드립니다.
이로 인하여 나는 주님 안에서만
나의 부요함, 나의 완전한 공급을 발견했나이다.
- 플로렌스 윌렛

참조 구절

빌 1:3   내가 너희를 생각할 때마다 나의 하나님께 감사하며

살전 2:19-20 우리의 소망이나 기쁨이나 자랑의 면류관이 무엇이냐 그의 강림하실 때 우리 주 예수 앞에 너희가 아니냐 너희는 우리의 영광이요 기쁨이니라

시 68:6   하나님은 고독한 자로 가속 중에 처하게 하시며 수금된 자를 이끌어 내사 형통케 하시느니라 오직 거역하는 자의 거처는 메마른 땅이로다

엡 4:11-16 그가 혹은 사도로, 혹은 선지자로, 혹은 복음 전하는 자로, 혹은 목사와 교사로 주셨으니 이는 성도를 온전케 하며 봉사의 일을 하게 하며 그리스도의 몸을 세우려 하심이라 우리가 다 하나님의 아들을 믿는 것과 아는 일에 하나가 되어 온전한 사람을 이루어 그리스도의 장성한 분량이 충만한 데까지 이르리니 이는 우리가 이제부터 어린아이가 되지 아니하여 사람의 궤술과 간사한 유혹에 빠져 모든 교훈의 풍조에 밀려 요동치 않게 하려 함이라 오직 사랑 안에서 참된 것을 하여 범사에

	그에게까지 자랄지라 그는 머리니 곧 그리스도라 그에게서 온 몸이 각 마디를 통하여 도움을 입음으로 연락하고 상합하여 각 지체의 분량대로 역사하여 그 몸을 자라게 하며 사랑 안에서 스스로 세우느니라
갈 6:10	그러므로 우리는 기회 있는 대로 모든 이에게 착한 일을 하되 더욱 믿음의 가정들에게 할지니라
마 22:39	둘째는 그와 같으니 네 이웃을 네 몸과 같이 사랑하라 하셨으니
요일 4:11-12	사랑하는 자들아 하나님이 이같이 우리를 사랑하셨은즉 우리도 서로 사랑하는 것이 마땅하도다 어느 때나 하나님을 본 사람이 없으되 만일 우리가 서로 사랑하면 하나님이 우리 안에 거하시고 그의 사랑이 우리 안에 온전히 이루느니라
시 133:1	형제가 연합하여 동거함이 어찌 그리 선하고 아름다운고
사 9:6	이는 한 아기가 우리에게 났고 한 아들을 우리에게 주신 바 되었는데 그 어깨에는 정사를 메었고 그 이름은 기묘자라, 모사라, 전능하신 하나님이라, 영존하시는 아버지라, 평강의 왕이라 할 것임이라
시 46:1	하나님은 우리의 피난처시요 힘이시니 환난 중에 만날 큰 도움이시라
요일 4:10	사랑은 여기 있으니 우리가 하나님을 사랑한 것이 아니요 오직 하나님이 우리를 사랑하사 우리 죄를 위하여 화목제로 그 아들을 보내셨음이니라
요일 4:18-19	사랑 안에 두려움이 없고 온전한 사랑이 두려움을 내어 쫓나

니 두려움에는 형벌이 있음이라 두려워하는 자는 사랑 안에서 온전히 이루지 못하였느니라 우리가 사랑함은 그가 먼저 우리를 사랑하셨음이라

시 45:2 　왕은 인생보다 아름다워 은혜를 입술에 머금으니 그러므로 하나님이 왕에게 영영히 복을 주시도다

히 7:26 　이러한 대제사장은 우리에게 합당하니 거룩하고 악이 없고 더러움이 없고 죄인에게서 떠나 계시고 하늘보다 높이 되신 자라

시 40:5 　여호와 나의 하나님이여 주의 행하신 기적이 많고 우리를 향하신 주의 생각도 많도소이다 내가 들어 말하고자 하나 주의 앞에 베풀 수도 없고 그 수를 셀 수도 없나이다

사 40:18,25 　그런즉 너희가 하나님을 누구와 같다 하겠으며 무슨 형상에 비기겠느냐 거룩하신 자가 가라사대 그런즉 너희가 나를 누구에게 비기며 나로 그와 동등이 되게 하겠느냐 하시느니라

사 46:5 　너희가 나를 누구에 비기며 누구와 짝하며 누구와 비교하여 서로 같다 하겠느냐

출 15:11 　여호와여 신 중에 주와 같은 자 누구니이까 주와 같이 거룩함에 영광스러우며 찬송할 만한 위엄이 있으며 기이한 일을 행하는 자 누구니이까

20 일

아버지 하나님, 나의 삶 속에서 기쁨보다는 고통을 가져다주는 것처럼 보이는 사람들을 인하여 주님께 감사드립니다. 주님께서 중요한 이유가 있어 내게 이런 사람들을 허락하셨다고 믿습니다… 나를 괴롭히는 것들을 통해 주님께서 내 삶 속에서 이루기 원하시는 선한 일들을 인하여 감사드립니다. 저들의 화나게 하는 습관, 저들의 변덕스러움, 저들의 불쾌한 방법들, 저들의 지나치게 요구하는 태도에 대해 오히려 주님께 감사드립니다… 사람들이, 심지어 나와 가까운 이들도 할 수 없을 때에 주님께서 나와 함께 계셔서 나의 필요들을 채워 주시니 감사드립니다… 그리고 주님께서 내 안에 계셔서 내가 싫어하는 바로 그것들을 통하여 나를 더욱 예수님을 닮은 사람으로 변화시키시며, 더욱 온유하고 더욱 인자하며 더욱 인내하는 사람으로 만들어 가시니 감사드립니다.

주님께서 또한 이 사람들을 사랑하시니 감사드립니다… 그들이 때로는 고집스럽고 어리석어 보여도 주님의 사랑은 그들의 깊은 필요를 채우며 그들의 삶을 변화시키기에 충분합니다… 주님께서 그들을 깊이 돌보시니 감사드립니다. 그들은 각자 주님께서 영원한 즐거움을 얻으실 수 있는 광대한 저수지가 될 잠재력을 지니고 있습니다… 그러기에 내가 비록 감정적으로는 그들에 대하여 감사를 느끼지 못할지라도 믿음으로 그들에 대하여 주님께 감사를 드립니다. 주님의 선하심과 주님의 지혜와 주님의 능력과 그리고 나를 향한 주님의 사랑과 똑같이 그들을 향한 주님의 사랑을 믿기 때문입니다.

주님, 내가 이 사람들로 인하여 초조해하거나 시기하거나, 내가 옳다는 것을 입증하기 위해 두고두고 그들에 대해 마음속으로 화를 내며 곰곰이 생각할 필요가 없게 하시니 주님을 찬양합니다… 주님께서 나를 받으셨듯이 내가 주님의 능력을 힘입어 그들을 받을 수 있게 하시니 감사드립니다. 주님은 나의 모난 점과 결점과 약점과 나의 모든 것을 있는 그대로 받아 주셨습니다… 그러기에 내가 그들을 판단하는 것이 아니라 그들을 용서할 수 있게 하시니 감사드립니다. 이는 모두 주님의 은혜입니다. 주님께서 나의 모든 빚을 탕감하여 주셨듯이, 나도 그들이 내게 지고 있다고 생각되는 모든 빚, 이를테면 그들이 내게 해야 할 모든 사과와 그들이 내게 이행해야 할 모든 의무를 탕감해 줄 수 있게 하시니 감사드립니다… 내게 베푸신 주님의 은혜를 힘입어 그들에 대한 모든 불만을 모두 깨끗하게 없앨 수 있게 하시니 감사드립니다. 그들을 대할 때 그들이 더 이상 내게 아무 빚도 지지 않은 것처럼 그런 마음으로 대할 수 있게 하시니 감사드립니다. 이 모든 것을 할 수 있는 능력을 내게 주시는 성령님을 인하여 감사드립니다. 내가 그들에게 선을 행하며 주님을 기뻐하고 주님을 의뢰하며 주님께 나의 길을 맡길 수 있도록 성령님께서 도와주시니 감사드립니다. 주님께서 정하신 때에 주님께서는 이 모든 인간관계들 속에서 주님의 선한 목적을 드러내시고 이루실 것을 믿고 감사드립니다.

참조 구절

롬 8:28-29 우리가 알거니와 하나님을 사랑하는 자 곧 그 뜻대로 부르심을 입은 자들에게는 모든 것이 합력하여 선을 이루느니라 하나님이 미리 아신 자들로 또한 그 아들의 형상을 본받게 하기 위하여 미리 정하셨으니 이는 그로 많은 형제 중에서 맏아들이 되게 하려 하심이니라

벧전 1:6-7 그러므로 너희가 이제 여러 가지 시험을 인하여 잠깐 근심하게 되지 않을 수 없었으나 오히려 크게 기뻐하도다 너희 믿음의 시련이 불로 연단하여도 없어질 금보다 더 귀하여 예수 그리스도의 나타나실 때에 칭찬과 영광과 존귀를 얻게하려 함이라

약 1:2-4 내 형제들아 너희가 여러 가지 시험을 만나거든 온전히 기쁘게 여기라 이는 너희 믿음의 시련이 인내를 만들어 내는 줄 너희가 앎이라 인내를 온전히 이루라 이는 너희로 온전하고 구비하여 조금도 부족함이 없게 하려 함이라

시 27:10 내 부모는 나를 버렸으나 여호와는 나를 영접하시리이다

사 49:14-16 오직 시온이 이르기를 여호와께서 나를 버리시며 주께서 나를

잊으셨다 하였거니와 여인이 어찌 그 젖 먹는 자식을 잊겠으며 자기 태에서 난 아들을 긍휼히 여기지 않겠느냐 그들은 혹시 잊을지라도 나는 너를 잊지 아니할 것이라 내가 너를 내 손바닥에 새겼고 너의 성벽이 항상 내 앞에 있나니

시 142:3-5 내 심령이 속에서 상할 때에도 주께서 내 길을 아셨나이다 나의 행하는 길에 저희가 나를 잡으려고 올무를 숨겼나이다 내 우편을 살펴보소서 나를 아는 자도 없고 피난처도 없고 내 영혼을 돌아보는 자도 없나이다 여호와여 내가 주께 부르짖어 말하기를 주는 나의 피난처시요 생존 세계에서 나의 분깃이시라 하였나이다

살전 2:12-13 이는 너희를 부르사 자기 나라와 영광에 이르게 하시는 하나님께 합당히 행하게 하려 함이니라 이러므로 우리가 하나님께 쉬지 않고 감사함은 너희가 우리에게 들은바 하나님의 말씀을 받을 때에 사람의 말로 아니하고 하나님의 말씀으로 받음이니 진실로 그러하다 이 말씀이 또한 너희 믿는 자 속에서 역사하느니라

빌 1:9-11 내가 기도하노라 너희 사랑을 지식과 모든 총명으로 점점 더 풍성하게 하사 너희로 지극히 선한 것을 분별하며 또 진실하여 허물없이 그리스도의 날까지 이르고 예수 그리스도로 말미암아 의의 열매가 가득하여 하나님의 영광과 찬송이 되게 하시기를 구하노라

마 5:44-45 나는 너희에게 이르노니 너희 원수를 사랑하며 너희를 핍박하는 자를 위하여 기도하라 이같이 한즉 하늘에 계신 너희 아버지의 아들이 되리니 이는 하나님이 그 해를 악인과 선인에

	게 비취게 하시며 비를 의로운 자와 불의한 자에게 내리우심이니라
호 3:1	여호와께서 내게 이르시되 이스라엘 자손이 다른 신을 섬기고 건포도 떡을 즐길지라도 여호와가 저희를 사랑하나니 너는 또 가서 타인에게 연애를 받아 음부 된 그 여인을 사랑하라 하시기로
벧전 2:1	그러므로 모든 악독과 모든 궤휼과 외식과 시기와 모든 비방하는 말을 버리고
롬 15:7	이러므로 그리스도께서 우리를 받아 하나님께 영광을 돌리심과 같이 너희도 서로 받으라
엡 4:31-32	너희는 모든 악독과 노함과 분 냄과 떠드는 것과 훼방하는 것을 모든 악의와 함께 버리고 서로 인자하게 하며 불쌍히 여기며 서로 용서하기를 하나님이 그리스도 안에서 너희를 용서하심과 같이 하라
마 7:1-3	비판을 받지 아니하려거든 비판하지 말라 너희의 비판하는 그 비판으로 너희가 비판을 받을 것이요 너희의 헤아리는 그 헤아림으로 너희가 헤아림을 받을 것이니라 어찌하여 형제의 눈 속에 있는 티는 보고 네 눈 속에 있는 들보는 깨닫지 못하느냐
마 6:14-15	너희가 사람의 과실을 용서하면 너희 천부께서도 너희 과실을 용서하시려니와 너희가 사람의 과실을 용서하지 아니하면 너희 아버지께서도 너희 과실을 용서하지 아니하시리라
마 18:21-22	그때에 베드로가 나아와 가로되 주여 형제가 내게 죄를 범하면 몇 번이나 용서하여 주리이까 일곱 번까지 하오리이까 예

수께서 가라사대 네게 이르노니 일곱 번뿐 아니라 일흔 번씩 일곱 번이라도 할지니라

시 37:1-7 행악자를 인하여 불평하여 하지 말며 불의를 행하는 자를 투기하지 말지어다 저희는 풀과 같이 속히 베임을 볼 것이며 푸른 채소같이 쇠잔할 것임이로다 여호와를 의뢰하여 선을 행하라 땅에 거하여 그의 성실로 식물을 삼을지어다 또 여호와를 기뻐하라 저가 네 마음의 소원을 이루어 주시리로다 너의 길을 여호와께 맡기라 저를 의지하면 저가 이루시고 네 의를 빛같이 나타내시며 네 공의를 정오의 빛같이 하시리로다 여호와 앞에 잠잠하고 참아 기다리라 자기 길이 형통하며 악한 꾀를 이루는 자를 인하여 불평하여 말지어다

21 일

주님, 나의 생의 반려자(만일 결혼하지 않았다면, 가까운 다른 사람, 예를 들면 가족 중 어느 누구, 룸메이트, 친구일 수도 있음) 속에 있는 장점과 훌륭한 자질을 인하여 감사드립니다. 우리를 한데 묶어 주시니 감사드립니다… 주님의 사랑이 이 땅에서의 우리의 사랑을 더욱 아름답게 하시니 감사드립니다. 주님, 사랑하는 이를 통해 주님께서 내게 주신 많은 유익을 인하여 주님을 찬양합니다.

내가 그에 대해 특별히 감사하는 이유를 몇 가지 들면,

그러나 주님, 주님께서 내 인생에 주신 최상의 선물인 그 사람보다 주님께서는 훨씬 뛰어나시니 주님을 찬양합니다. 주님은 모든 것 위에 뛰어나십니다. 주님은 이 세상에서 가장 나의 눈을 끄는 매력적인 분이십니다. 주님은 인생에서 나의 분깃이시요 나의 상급이시요 나의 기업이십니다.

누구를 감히 주님과 비교할 수 있나이까? 주님은 나의 생에 완전한 동반자이시며… 나의 가장 사랑하고 가장 기뻐하는 분이시며… 나의 영원한 친구이십니다… 주님은 나의 능력이시며 나의 영원한 분깃이십니다… 다른 관계는 모두 끝이 나지만 오직 주님과의 관계는 평생 지속되며 영원하여 결코 끝나지 않습니다!

지극히 크고 위대하신 주님께서 심히 기쁜 마음으로 나의 가장 깊은 필요까지도 온전히 넘치도록 채워 주시니 주님께 진심으로 감사드립니다.

참조 구절

시 103:1-2   내 영혼아 여호와를 송축하라 내 속에 있는 것들아 다 그 성호를 송축하라 내 영혼아 여호와를 송축하며 그 모든 은택을 잊지 말지어다

시 128: 1-4   여호와를 경외하며 그 도에 행하는 자마다 복이 있도다 네가 네 손이 수고한 대로 먹을 것이라 네가 복되고 형통하리로다 네 집 내실에 있는 네 아내는 결실한 포도나무 같으며 네 상에 둘린 자식은 어린 감람나무 같으리로다 여호와를 경외하는 자는 이같이 복을 얻으리로다

시 73:25	하늘에서는 주 외에 누가 내게 있으리요 땅에서는 주밖에 나의 사모할 자 없나이다
시 45:2	왕은 인생보다 아름다워 은혜를 입술에 머금으니 그러므로 하나님이 왕에게 영영히 복을 주시도다
아 5:10	나의 사랑하는 자는 희고도 붉어 만 사람에 뛰어난다
시 16:5-6	여호와는 나의 산업과 나의 잔의 소득이시니 나의 분깃을 지키시나이다 내게 줄로 재어 준 구역은 아름다운 곳에 있음이여 나의 기업이 실로 아름답도다

| 시 89:5-17 | 여호와여 주의 기사를 하늘이 찬양할 것이요 주의 성실도 거룩한 자의 회중에서 찬양하리이다 대저 궁창에서 능히 여호와와 비교할 자 누구며 권능 있는 자 중에 여호와와 같은 자 누구리이까 하나님은 거룩한 자의 회중에서 심히 엄위하시오며 둘러 있는 모든 자 위에 더욱 두려워할 자시니이다 여호와 만군의 하나님이여 주와 같이 능한 자 누구리이까 여호와여 주의 성실하심이 주를 둘렀나이다 주께서 바다의 흉용함을 다스리시며 그 파도가 일어날 때에 평정케 하시나이다 주께서 라합을 살륙당한 자같이 파쇄하시고 주의 원수를 주의 능력의 팔로 흩으셨나이다 하늘이 주의 것이요 땅도 주의 것이라 세계와 그중에 충만한 것을 주께서 건설하셨나이다 남북을 주께서 창조하셨으니 다볼과 헤르몬이 주의 이름을 인하여 즐거워하나이다 주의 팔에 능력이 있사오며 주의 손은 강하고 주의 오른손은 높으시니이다 의와 공의가 주의 보좌의 기초라 인자함과 진실함이 주를 앞서 행하나이다 즐거운 소리를 아는 백성은 유복한 자라 여호와여 저희가 주의 얼굴빛에 |

다니며 종일 주의 이름으로 기뻐하며 주의 의로 인하여 높아 지오니 주는 저희 힘의 영광이심이라 우리 뿔이 주의 은총으로 높아지오리니

렘 10:6-7 여호와여 주와 같은 자 없나이다 주는 크시니 주의 이름이 그 권능으로 인하여 크시니이다 열방의 왕이시여 주를 경외치 아니할 자가 누구리이까 이는 주께 당연한 일이라 열방의 지혜로운 자들과 왕족 중에 주와 같은 자 없음이니이다

고후 11:2 내가 하나님의 열심으로 너희를 위하여 열심 내노니 내가 너희를 정결한 처녀로 한 남편인 그리스도께 드리려고 중매함이로다

호 2:19-20 내가 네게 장가들어 영원히 살되 의와 공변됨과 은총과 긍휼히 여김으로 네게 장가들며 진실함으로 네게 장가들리니 네가 여호와를 알리라

사 54:5 이는 너를 지으신 자는 네 남편이시라 그 이름은 만군의 여호와시며 네 구속자는 이스라엘의 거룩한 자시라 온 세상의 하나님이라 칭함을 받으실 것이며

시 73:25-26 하늘에서는 주 외에 누가 내게 있으리요 땅에서는 주밖에 나의 사모할 자 없나이다 내 육체와 마음은 쇠잔하나 하나님은 내 마음의 반석이시요 영원한 분깃이시라

시 107:8-9 여호와의 인자하심과 인생에게 행하신 기이한 일을 인하여 그를 찬송할지로다 저가 사모하는 영혼을 만족케 하시며 주린 영혼에게 좋은 것으로 채워 주심이로다

시 62:5-6 나의 영혼아 잠잠히 하나님만 바라라 대저 나의 소망이 저로 좇아 나는도다 오직 저만 나의 반석이시요 나의 구원이시요

	나의 산성이시니 내가 요동치 아니하리로다
시 63:1,3	하나님이여 주는 나의 하나님이시라 내가 간절히 주를 찾되 물이 없어 마르고 곤핍한 땅에서 내 영혼이 주를 갈망하며 내 육체가 주를 앙모하나이다 주의 인자가 생명보다 나으므로 내 입술이 주를 찬양할 것이라
시 84:11	여호와 하나님은 해요 방패시라 여호와께서 은혜와 영화를 주시며 정직히 행하는 자에게 좋은 것을 아끼지 아니하실 것임이니이다
사 55:1-2	너희 목마른 자들아 물로 나아오라 돈 없는 자도 오라 너희는 와서 사 먹되 돈 없이 값없이 와서 포도주와 젖을 사라 너희가 어찌하여 양식 아닌 것을 위하여 은을 달아 주며 배부르게 못할 것을 위하여 수고하느냐 나를 청종하라 그리하면 너희가 좋은 것을 먹을 것이며 너희 마음이 기름진 것으로 즐거움을 얻으리라

22 일

　나의 생의 동반자(또는 다른 가까운 사람)의 약점과 부족한 점들을 인하여 주님께 감사드립니다. 때론 무관심, 몰이해에 대해서… 때론 거친 태도, 쉽게 격하는 감정에 대해서… 때론 절제하지 못하는 욕망에 대해서… 때론 지나치게 남을 의지하거나 지나치게 독립적인 태도에 대해서… 때론 사랑 없는 태도에 대해서… 때론 나를 민감하게 배려해 주지 못하는 것에 대해서… 그 외에 다른 결점이나 부족한 점들에 대해서도 주님께 감사드립니다.

　특별히 나를 실망시키고 나를 화나게 하고 나를 염려하게 만드는 다음 것에 대해서도 주님께 감사드립니다. 이것을 통해 주님께서 하려고 하시는 일이 있는 줄 믿습니다.

　사랑하는 사람에게 이것을 허락하시는 주님의 선한 목적을 인하여 주님을 찬양합니다. 이것이 사랑하는 사람의 전체 모습이 아님을 인하여 감사드립니다. 주님께서 또한 그를 놀랍게 만드셨으며, 그에게 그늘진 면뿐만 아니라 밝은 면도 있음을 인하여 감사드립니다… 그리고 주님의 무한한 사랑과 능력으로 주님의 때에 주님의 방법으로 주님께서는 능히 그를 변화시킬 수 있으시니 기쁜 마음으로 감사를 드립니다… 그렇게 될 때까지 나를 괴롭히고 좌절시키는 그의 불완전한 것들을 통하여 주님께서는 나를 변화시키기 위해 일하고 계시니 감사와 찬양을 드립니다… 성령님께서 주님의 사랑과 인내와 평화로 나를 충만케 해 주심으로, 내가 그것에 대하여 성숙한 반응을 보이며, 그것에 대하여 주님을 더욱 신뢰하고, 아울러 그의 필요를 더욱 잘 채워 줄 수 있게 하여 주시니 진심으로 감사와 찬양을 드립니다.

참조 구절

살전 5:18   범사에 감사하라 이는 그리스도 예수 안에서 너희를 향하신 하나님의 뜻이니라

히 12:10-11   저희는 잠시 자기의 뜻대로 우리를 징계하였거니와 오직 하나님은 우리의 유익을 위하여 그의 거룩하심에 참여케 하시느니라 무릇 징계가 당시에는 즐거워 보이지 않고 슬퍼 보이나 후에 그로 말미암아 연달한 자에게는 의의 평강한 열매를 맺나니

시 139:14 내가 주께 감사하옴은 나를 지으심이 신묘막측하심이라 주의 행사가 기이함을 내 영혼이 잘 아나이다

렘 32:17,27 슬프도소이다 주 여호와여 주께서 큰 능과 드신 팔로 천지를 지으셨사오니 주에게는 능치 못한 일이 없으시니이다 나는 여호와요 모든 육체의 하나님이라 내게 능치 못한 일이 있겠느냐

롬 4:17 기록된 바 내가 너를 많은 민족의 조상으로 세웠다 하심과 같으니 그의 믿은바 하나님은 죽은 자를 살리시며 없는 것을 있는 것같이 부르시는 이시니라

잠 3:5 너는 마음을 다하여 여호와를 의뢰하고 네 명철을 의지하지 말라

벧전 3:1-9 아내 된 자들아 이와 같이 자기 남편에게 순복하라 이는 혹 도를 순종치 않는 자라도 말로 말미암지 않고 그 아내의 행위로 말미암아 구원을 얻게 하려 함이니 너희의 두려워하며 정결한 행위를 봄이라 너희 단장은 머리를 꾸미고 금을 차고 아름다운 옷을 입는 외모로 하지 말고 오직 마음에 숨은 사람을 온유하고 안정한 심령의 썩지 아니할 것으로 하라 이는 하나님 앞에 값진 것이니라 전에 하나님께 소망을 두었던 거룩한 부녀들도 이와 같이 자기 남편에게 순복함으로 자기를 단장하였나니 사라가 아브라함을 주라 칭하여 복종한 것같이 너희가 선을 행하고 아무 두려운 일에도 놀라지 아니함으로 그의 딸이 되었느니라 남편 된 자들아 이와 같이 지식을 따라 너희 아내와 동거하고 저는 더 연약한 그릇이요 또 생명의 은혜를 유업으로 함께 받을 자로 알아 귀히 여기라 이는 너희 기도가 막히지 아니하게 하려 함이라 마지막으로 말하노니 너희가 다 마음을 같이하여 체휼하며 형제를 사랑하며 불쌍히 여기며 겸손하며 악을 악으로 욕을 욕으로 갚지 말고 도리어 복

을 빌라 이를 위하여 너희가 부르심을 입었으니 이는 복을 유업으로 받게 하려 하심이라

빌 1:9-10 내가 기도하노라 너희 사랑을 지식과 모든 총명으로 점점 더 풍성하게 하사 너희로 지극히 선한 것을 분별하며 또 진실하여 허물없이 그리스도의 날까지 이르고

갈 5:22-23 오직 성령의 열매는 사랑과 희락과 화평과 오래 참음과 자비와 양선과 충성과 온유와 절제니 이 같은 것을 금지할 법이 없느니라

23 일

　주님, 나의 사랑하는 이들이 부딪히고 있는 싸움들과, 그들의 실망스런 선택들과, 현명치 못하거나 심지어 해로운 생각과 행동들까지도 사용하셔서 주님께서는 선을 이루시니 감사와 찬양을 드립니다.

　주님께서는 내가 참된 자유를 누리고 견고하게 성장하며 열매가 풍성한 삶을 살게 되기를 원하십니다. 이것이 나를 향한 주님의 선한 계획입니다. 사랑하는 이들의 부정적인 요소들까지도 그 계획을 이루는 데 중요한 역할을 맡게 하시니 주님을 찬양합니다… 이 모든 것 속에서 싸움은 내게 속한 것이 아니요 주님께 속한 것임을 인하여 감사드립니다… 그리고 마지막 장은 아직 쓰이지 않았으니 감사드립니다.

　나의 왕, 나의 하나님이여, 주님 앞에 엎드려 경배와 찬양을 드립니다. 주님께서 주님의 백성을 위해 승리를 명하시니 감사드립니다… 만물은 주님의 종입니다… 주님께서는 주님께 소망을 둔 자를 위하여 행하시는 하나님이십니다. 주님께서는 주님의 선하신 방법으로 주님의 때에 나의 기도에 응답하기 위해 일하고 계시니 감사와 찬양을 드립니다.

주님께서 사랑하는 이들의 삶 속에서 이루신 과거의 승리를 인하여 감사드립니다. 진보와 성장과 기도 응답에 대하여 감사드립니다… 그리고 장차 우리가 맛보게 될 승리와, 이로 말미암아 주님의 이름이 영광을 받으실 것을 인하여 감사드립니다. 시간이 지날수록 주님께서는 날로 더 새로운 방법으로 산 자의 땅에서 주님의 선하심과 은혜를 우리에게 보여 주실 것을 믿고 주님을 찬양합니다.

참조 구절

롬 8:28-29   우리가 알거니와 하나님을 사랑하는 자 곧 그 뜻대로 부르심을 입은 자들에게는 모든 것이 합력하여 선을 이루느니라 하나님이 미리 아신 자들로 또한 그 아들의 형상을 본받게 하기 위하여 미리 정하셨으니 이는 그로 많은 형제 중에서 맏아들이 되게 하려 하심이니라

약 1:2-4   내 형제들아 너희가 여러 가지 시험을 만나거든 온전히 기쁘게 여기라 이는 너희 믿음의 시련이 인내를 만들어 내는 줄 너희가 앎이라 인내를 온전히 이루라 이는 너희로 온전하고 구비하여 조금도 부족함이 없게 하려 함이라

대하 20:15   야하시엘이 가로되 온 유다와 예루살렘 거민과 여호사밧왕이여 들을지어다 여호와께서 너희에게 말씀하시기를 이 큰 무리로 인하여 두려워하거나 놀라지 말라 이 전쟁이 너희에게

	속한 것이 아니요 하나님께 속한 것이니라
약 1:5	너희 중에 누구든지 지혜가 부족하거든 모든 사람에게 후히 주시고 꾸짖지 아니하시는 하나님께 구하라 그리하면 주시리라
약 1:19-20	내 사랑하는 형제들아 너희가 알거니와 사람마다 듣기는 속히 하고 말하기는 더디 하며 성내기도 더디 하라 사람의 성내는 것이 하나님의 의를 이루지 못함이니라
약 3:17-18	오직 위로부터 난 지혜는 첫째 성결하고 다음에 화평하고 관용하고 양순하며 긍휼과 선한 열매기 가득하고 편벽과 거짓이 없나니 화평케 하는 자들은 화평으로 심어 의의 열매를 거두느니라
전 3:7	찢을 때가 있고 꿰맬 때가 있으며 잠잠할 때가 있고 말할 때가 있으며

시 44:4	하나님이여 주는 나의 왕이시니 야곱에게 구원을 베푸소서
시 119:91	천지가 주의 규례대로 오늘까지 있음은 만물이 주의 종이 된 연고니이다
사 66:4	나도 유혹을 그들에게 택하여 주며 그 무서워하는 것을 그들에게 임하게 하리니 이는 내가 불러도 대답하는 자 없으며 내가 말하여도 그들이 청종하지 않고 오직 나의 목전에 악을 행하며 나의 기뻐하지 아니하는 것을 택하였음이니라 하시니라
시 27:13	내가 산 자의 땅에 있음이여 여호와의 은혜 볼 것을 믿었도다

24 일

　인자하시고 절대주권을 가지신 하나님 아버지, 내가 범하는 실수와 잘못들까지도 합력하여 선을 이루심을 인하여 감사드립니다. 나의 긴장과 스트레스, 미움과 염려, 실패와 후회, 부끄러움과 자책, 그리고 이것들을 일으키는 구체적인 일들이 내가 영적으로 더욱 성장하고 주님을 더욱 깊이 경험하는 데 기여할 수 있게 하시니 감사와 찬양을 드립니다.

　이를 통하여 내가 전심으로 주님을 의지하도록 계속 일깨워 주시니 감사드립니다… 또한 주님의 사랑, 주님의 용서, 주님의 권세, 주님의 능력, 주님의 임재를 더욱 신뢰하게 해 주시니 감사드립니다… 나의 단점과 부족한 점들을 보면서 내 자신을 더욱 온전히 주님께 열지 않을 수 없게 하시니 감사드립니다. 이를 통해 내 속에 깊이 숨겨 있던 여러 필요… 슬픔과 상처… 그리고 여러 죄들을 드러내어 주시니 감사드립니다… 전에는 이런 것들을 주님 앞에 쏟아 놓은 적이 없었습니다. 주님의 치료하시는 손길에 드러내 놓은 적이 없었습니다. 이런 것들을 정면으로 대면하고 주님 앞에 시인한 적이 없었습니다… 내가 주님께로 돌아가 주님께서 깨닫게 하신 죄들을 자백할 때 주님께서는 언제나 용서하시고 깨끗케 해 주시니 얼마나 감사한지요! 그리스도께서 나를 위해 죽으시고 다시 사셨기에 이제 그리스도 안에 있는 나에게는 결코 정죄함이 없음을 인하여 주님을 찬양합니다… 이 모든 것이 내가 얼마나 선한 삶을 살았는가에 달려 있지 않음을 인하여 주님을 찬양합니다.

또한 나의 죄와 허물을 사용하셔서 여러 가지 방법으로 나를 겸손케 하시니 주님을 찬양합니다… 이로 인하여 내가 마음을 열고 주님의 은혜를 받아들이게 하시니 주님을 찬양합니다… 그리고 주님의 놀라운 은혜로 말미암아 교만한 태도가 아니라 겸손한 태도로 나의 머리를 높이 들 수 있게 하시니 감사합니다. 주님의 과분하고 변치 않는 사랑을 인하여 감사드립니다. 나를 온전히 깨끗하게 하여 주시니 감사드립니다. 나는 주님께서 내게 베푸신 이 모든 은총을 받을 자격이 없나이다.

참조 구절

롬 8:28-29　우리가 알거니와 하나님을 사랑하는 자 곧 그 뜻대로 부르심을 입은 자들에게는 모든 것이 합력하여 선을 이루느니라 하나님이 미리 아신 자들로 또한 그 아들의 형상을 본받게 하기 위하여 미리 정하셨으니 이는 그로 많은 형제 중에서 맏아들이 되게 하려 하심이니라

시 61:2　내 마음이 눌릴 때에 땅끝에서부터 주께 부르짖으오리니 나보다 높은 바위에 나를 인도하소서

잠 3:5	너는 마음을 다하여 여호와를 의뢰하고 네 명철을 의지하지 말라
시 37:5	너의 길을 여호와께 맡기라 저를 의지하면 저가 이루시고
고후 3:18	우리가 다 수건을 벗은 얼굴로 거울을 보는 것같이 주의 영광을 보매 저와 같은 형상으로 화하여 영광으로 영광에 이르니 곧 주의 영으로 말미암음이니라
요일 1:9	만일 우리가 우리 죄를 자백하면 저는 미쁘시고 의로우사 우리 죄를 사하시며 모든 불의에서 우리를 깨끗케 하실 것이요
롬 8:1	그러므로 이제 그리스도 예수 안에 있는 자에게는 결코 정죄함이 없나니
벧전 5:5	젊은 자들아 이와 같이 장로들에게 순복하고 다 서로 겸손으로 허리를 동이라 하나님이 교만한 자를 대적하시되 겸손한 자들에게는 은혜를 주시느니라
롬 5:5	소망이 부끄럽게 아니함은 우리에게 주신 성령으로 말미암아 하나님의 사랑이 우리 마음에 부은 바 됨이니

25 일

　사랑하는 주님, 이 세상에서의 지위와 능력, 인간적 실패와 약점에 대한 주님의 관점을 인하여 참으로 감사와 찬양을 드립니다!… 지극히 높으시며 존귀하신 주님께서는 사람들을 판단하실 때 사람들의 신분이나 자리에 영향을 받지 않으시니 얼마나 즐겁고 기쁜 일인지요… 주님은 언제나 공평하십니다… 사사로운 정에 이끌리시는 경우가 결코 없으십니다… 사람들의 겉모습을 보지 않으십니다. 부유하든 가난하든, 이름이 있든 없든, 지위가 높든 낮든, 잘 생겼든 못 생겼든, 그들의 외모를 보지 않으시고, 마음이 겸손한 모든 자들을 존귀하게 여겨 주시니 참으로 감사드립니다… 인간적으로 훌륭한 자격을 많이 가진 사람들을 찾지 않으시고, 세상에서 이른바 미련하고 약하고 천하고 멸시받고 없는 자들을 사용하시니 감사드립니다… 주님께서는 자기를 높이는 자들을 대적하시고, 자기를 낮추는 자들을 높이셔서 은혜를 베푸시니 감사드립니다.

　주님께서는 내게 완전하기를 기대하지 않으시니 얼마나 기쁜지요!… 주님을 기쁘시게 하려는 나의 노력에 대해서는 아무리 작은 것일지라도 즉시 주목하시고, 주님의 뜻을 행함에 있어 완전치 못하고 부족한 것에 대해서는 즉시 간과하시니 감사드립니다… 주님께서는 나를 향해 자비와 긍휼이 충만하십니다… 내가 어떻게 만들어졌는지를 아십니다. 나의 한계를 아십니다. 내가 진흙임을 아십니다… 주님께서는 나의 어떤 약함이나 부족함보다도 더 크시니 찬양과 감사를 드립니다… 나의 토기장이가 되시는 주님, 내가 주님의 지혜와 솜씨에 굴복할 때 나를 다시 빚으실 수 있으니 찬양을 드립니다… 위대한 예술가이신 주님께서는 내 인생의 어두운 실들 곧 나의 상처, 나의 흉터, 나의 얼룩, 나의 실수, 심지어 나의 죄까지도 취하여 한데 엮어 아름다운 작품을 만드셔서 주님의 은혜의 영광을 찬송하게 하시니 주님께 감사와 찬양을 드립니다.

보잘것없는 질그릇인 내 속에 주님의 생명과 영광이라는 값진 보배를 담고 있게 하시니 감사드립니다… 나의 모든 승리와 성취는 주님의 심히 크신 능력에서 나온 것이지 나에게서 나온 것이 아님을 알기에 주님께 찬양을 드립니다.

참조 구절

사 57:15 지존무상하며 영원히 거하며 거룩하다 이름하는 자가 이같이 말씀하시되 내가 높고 거룩한 곳에 거하며 또한 통회하고 마음이 겸손한 자와 함께 거하나니 이는 겸손한 자의 영을 소성케 하며 통회하는 자의 마음을 소성케 하려 함이라

갈 2:6　　　유명하다는 이들 중에 (본래 어떤 이들이든지 내게 상관이 없으며 하나님은 사람의 외모를 취하지 아니하시나니) 저 유명한 이들은 내게 더하여 준 것이 없고

약 2:1,5　　내 형제들아 영광의 주 곧 우리 주 예수 그리스도를 믿는 믿음을 너희가 받았으니 사람을 외모로 취하지 말라 내 사랑하는 형제들아 들을지어다 하나님이 세상에 대하여는 가난한 자를 택하사 믿음에 부요하게 하시고 또 자기를 사랑하는 자들에게 약속하신 나라를 유업으로 받게 아니하셨느냐

고전 1:26-29　형제들아 너희를 부르심을 보라 육체를 따라 지혜 있는 자가 많지 아니하며 능한 자가 많지 아니하며 문벌 좋은 자가 많지 아니하도다 그러나 하나님께서 세상의 미련한 것들을 택하사 지혜 있는 자들을 부끄럽게 하려 하시고 세상의 약한 것들을 택하사 강한 것들을 부끄럽게 하려 하시며 하나님께서 세상의 천한 것들과 멸시받는 것들과 없는 것들을 택하사 있는 것들을 폐하려 하시나니 이는 아무 육체라도 하나님 앞에서 자랑하지 못하게 하려 하심이라

약 4:6　　　그러나 더욱 큰 은혜를 주시나니 그러므로 일렀으되 하나님이 교만한 자를 물리치시고 겸손한 자에게 은혜를 주신다 하였느니라

시 73:18　　주께서 참으로 저희를 미끄러운 곳에 두시며 파멸에 던지시니

시 103:13-14　아비가 자식을 불쌍히 여김같이 여호와께서 자기를 경외하는 자를 불쌍히 여기시나니 이는 저가 우리의 체질을 아시며 우리가 진토임을 기억하심이로다

렘 18:3-6　　내가 토기장이의 집으로 내려가서 본즉 그가 녹로로 일을 하

는데 진흙으로 만든 그릇이 토기장의 손에서 파상하매 그가 그것으로 자기 의견에 선한 대로 다른 그릇을 만들더라 때에 여호와의 말씀이 내게 임하니라 가라사대 나 여호와가 이르노라 이스라엘 족속아 이 토기장이의 하는 것같이 내가 능히 너희에게 행하지 못하겠느냐 이스라엘 족속아 진흙이 토기장이의 손에 있음같이 너희가 내 손에 있느니라

엡 1:6,12,14 이는 그의 사랑하시는 자 안에서 우리에게 거저 주시는바 그의 은혜의 영광을 찬미하게 하려는 것이라 이는 그리스도 안에서 전부터 바라던 우리로 그의 영광의 찬송이 되게 하려 하심이라 이는 우리의 기업에 보증이 되사 그 얻으신 것을 구속하시고 그의 영광을 찬미하게 하려 하심이라

고후 4:7 우리가 이 보배를 질그릇에 가졌으니 이는 능력의 심히 큰 것이 하나님께 있고 우리에게 있지 아니함을 알게 하려 함이라

26 일

하나님 아버지, 예수님을 보내서서 사탄과 그의 모든 악한 세력을 이기게 하시니 찬양을 드립니다. 예수님께서는 십자가와 부활을 통하여 그들을 이기셨습니다. 아버지께서는 예수님을 지극히 높여 모든 권세와 능력보다 한없이 뛰어난 지위를 주시고, 이 세상뿐 아니라 오는 세상에 일컫는 모든 이름 위에 뛰어난 이름을 주셨습니다. 아버지께서 또한 그리스도와 함께 나를 일으키셔서 함께 하늘에 앉히시니 감사와 찬양을 드립니다.

이제는 내가 승리를 쟁취하기 위해 애쓸 필요가 없으니 얼마나 감사한지요! 그리스도 안에서 승리자로서 이미 얻은 승리를 누리며 살 수 있게 하시니 얼마나 감사한지요!… 내 안에 계신 성부와 성자와 성령 삼위일체 하나님께서는 세상에 있는 이보다 크시니 찬양을 드립니다… 사탄이 비록 강력하지만 어린양의 피와 우리 주 예수 그리스도의 이름을 결코 대적할 수 없나이다. 사탄은 주님의 존귀하신 이름과, 성령의 검인 주님의 살아 있고 능력 있는 말씀 앞에서 꼼짝할 수 없으니 감사와 찬양을 드립니다… 그리고 마지막에 가서 주님께서는 사탄을 불 못에 던져 영원한 패배와 수치를 당하게 하실 줄을 알기에 주님을 찬양하나이다.

주님께서 어제나 오늘이나 영원토록 동일하시다는 사실을 아는 것은 얼마나 기쁜 일인지요! 옛적에 주님께서는 적이 이긴 것처럼 보이는 소망 없는 상황 속에서 주님의 백성을 구원하겠다고 약속하셨습니다! "나를 바라는 자는 수치를 당하지 아니하리라. 용사의 빼앗은 것을 어떻게 도로 빼앗으며 승리자에게 사로잡힌 자를 어떻게 건져낼 수 있으랴마는, 나 여호와가 이같이 말하노라. 용사의 포로도 빼앗을 것이요 강포자의 빼앗은 것도 건져낼 것이니 이는 내가 너를 대적하는 자를 대적하고 네 자녀를 구원할 것임이라"… 내가 주님을 의지함으로 영적 전쟁에서 승리할 수 있게 하시니 찬양을 드립니다. 나를 도와 대적을 치게 하시니 감사드립니다. 사람의 구원은 아무 소용이 없고 헛될 뿐입니다. 내가 주님을 의지하고 용감히 행하게 하시니 감사합니다. 나의 대적을 밟으시고 물리치실 주님을 찬양합니다.

참조 구절

골 2:15   정사와 권세를 벗어 버려 밝히 드러내시고 십자가로 승리하셨느니라

엡 1:19-21   그의 힘의 강력으로 역사하심을 따라 믿는 우리에게 베푸신 능력의 지극히 크심이 어떤 것을 너희로 알게 하시기를 구하노라 그 능력이 그리스도 안에서 역사하사 죽은 자들 가운데서 다시 살리시고 하늘에서 자기의 오른편에 앉히사 모든 정

	사와 권세와 능력과 주관하는 자와 이 세상뿐 아니라 오는 세상에 일컫는 모든 이름 위에 뛰어나게 하시고
빌 2:9-10	이러므로 하나님이 그를 지극히 높여 모든 이름 위에 뛰어난 이름을 주사 하늘에 있는 자들과 땅에 있는 자들과 땅 아래 있는 자들로 모든 무릎을 예수의 이름에 꿇게 하시고
엡 2:6	또 함께 일으키사 그리스도 예수 안에서 함께 하늘에 앉히시니

요일 4:4	자녀들아 너희는 하나님께 속하였고 또 저희를 이기었나니 이는 너희 안에 계신 이가 세상에 있는 이보다 크심이라
계 12:11	또 여러 형제가 어린양의 피와 자기의 증거하는 말을 인하여 저를 이기었으니 그들은 죽기까지 자기 생명을 아끼지 아니하였도다
행 16:18	이같이 여러 날을 하는지라 바울이 심히 괴로워하여 돌이켜 그 귀신에게 이르되 예수 그리스도의 이름으로 내가 네게 명하노니 그에게서 나오라 하니 귀신이 즉시 나오니라
엡 6:17	구원의 투구와 성령의 검 곧 하나님의 말씀을 가지라
계 20:10	또 저희를 미혹하는 마귀가 불과 유황 못에 던지우니 거기는 그 짐승과 거짓 선지자도 있어 세세토록 밤낮 괴로움을 받으리라

사 49:23-25	열왕은 네 양부가 되며 왕비들은 네 유모가 될 것이며 그들이 얼굴을 땅에 대고 네게 절하고 네 발의 티끌을 핥을 것이니 네가 나를 여호와인 줄 알리라 나를 바라는 자는 수치를 당하지

아니하리라 용사의 빼앗은 것을 어떻게 도로 빼앗으며 승리자에게 사로잡힌 자를 어떻게 건져 낼 수 있으랴마는 나 여호와가 이같이 말하노라 용사의 포로도 빼앗을 것이요 강포자의 빼앗은 것도 건져 낼 것이니 이는 내가 너를 대적하는 자를 대적하고 네 자녀를 구원할 것임이라

시 108:12-13 우리를 도와 대적을 치게 하소서 사람의 구원은 헛됨이니이다 우리가 하나님을 의지하고 용감히 행하리니 저는 우리의 대적을 밟으실 자이심이로다

27 일

주님, 믿는 우리에게 베푸시는 주님의 지극히 크신 능력을 인하여 주님을 찬양합니다. 우리 안에서 우리를 위하여 역사하시는 주님의 능력은 지극히 커서 어느 누구도 당할 수 없나이다… 주님께서는 그 크신 능력으로 예수님을 죽은 자들 가운데서 다시 살리시고 하늘나라에서 주님의 오른편에 앉게 하셨습니다. 그뿐만 아니라 예수님을 모든 권세 위에 뛰어나게 하시고 만물을 예수님의 발 아래 복종하게 하셨습니다… 주님께는 불가능한 것이 없나이다!

내가 주님께 나아가 주님을 찬양하고 믿음으로 간구할 때 주님의 전능한 능력을 끌어다 쓸 수 있게 하시니 감사드립니다… 감사로 제사를 드리는 자가 주님을 영화롭게 하나이다. 감사의 제사를 드리는 것은 주님의 구원과 축복의 문을 여는 것입니다. 나를 건지시고 복 주시는 주님을 찬양합니다. 주님의 구원과 축복을 풍성히 누리게 하시니 감사합니다. 나아가 이를 통해 가까운 데와 먼 곳에 있는 사람들에게 주님의 구원과 축복을 전하는 주님의 통로가 되게 하시니 감사드립니다.

주님께서 행하시는 일이 어찌 그리도 놀라운지요? 주님의 큰 권능으로 인하여 주님의 원수가 주님께 복종할 것입니다… 주님께 나의 찬송을 바치나이다. 주님의 놀랍고 위대한 권능은 아무도 상상할 수 없습니다. 그 권능은 부드럽고 겉으로 드러나지 않으면서도 거역할 수 없는 힘이 있습니다. 그 힘은 온전히 성령의 지배와 영향 하에 있는 사람들을 통해 역사합니다. 그리스도와 친밀한 교제 가운데 동행하는 사람들을 통해 역사합니다. 자신의 필요를 위해 성령의 주권적인 인도하심을 온전히 의뢰하는 사람들을 통해 역사합니다… 주님의 은혜로운 목적을 이루기 위해 주님의 능하신 손을 움직이는 사람들 속에 내가 속해 있게 하시니 주님께 찬양과 감사를 드립니다… 내가 주위에 영향을 끼치고 승리를 얻는 것이 자신의 힘과 능력으로 되는 것이 아니라 오직 주님의 성령으로 말미암아 되는 줄 믿습니다. 이 모든 사실을 인하여 주님께 감사와 찬양을 드립니다.

참조 구절

엡 1:19-22 그의 힘의 강력으로 역사하심을 따라 믿는 우리에게 베푸신 능력의 지극히 크심이 어떤 것을 너희로 알게 하시기를 구하노라 그 능력이 그리스도 안에서 역사하사 죽은 자들 가운데서 다시 살리시고 하늘에서 자기의 오른편에 앉히사 모든 정사와 권세와 능력과 주관하는 자와 이 세상뿐 아니라 오는 세상에 일컫는 모든 이름 위에 뛰어나게 하시고 또 만물을 그 발

	아래 복종하게 하시고 그를 만물 위에 교회의 머리로 주셨느니라
엡 3:20	우리 가운데서 역사하시는 능력대로 우리의 온갖 구하는 것이나 생각하는 것에 더 넘치도록 능히 하실 이에게
눅 1:37	대저 하나님의 모든 말씀은 능치 못하심이 없느니라
시 50:23	감사로 제사를 드리는 자가 나를 영화롭게 하나니 그 행위를 옳게 하는 자에게 내가 하나님의 구원을 보이리라
엡 2:17	또 오셔서 먼 데 있는 너희에게 평안을 전하고 가까운 데 있는 자들에게 평안을 전하셨으니
사 57:19	입술의 열매를 짓는 나 여호와가 말하노라 먼 데 있는 자에게든지 가까운 데 있는 자에게든지 평강이 있을지어다 평강이 있을지어다 내가 그를 고치리라 하셨느니라
시 66:3	하나님께 고하기를 주의 일이 어찌 그리 엄위하신지요 주의 큰 권능으로 인하여 주의 원수가 주께 복종할 것이며
슥 4:6하	만군의 여호와께서 말씀하시되 이는 힘으로 되지 아니하며 능으로 되지 아니하고 오직 나의 신으로 되느니라

28 일

　주님, 담대하고 당당하게 하나님께 자유로이 나아갈 수 있도록 해 주시니 감사와 찬양을 드립니다. 주님 존전에 나아가 주님과 친밀한 교제를 나누며 새로운 힘을 얻고 나의 잘못에 대하여 긍휼하심을 받으며 때를 따라 도우시는 은혜를 얻을 수 있게 하시니 감사드립니다… 내가 어디에 있든 언제든지 주님께 가까이 나아갈 수 있다니 얼마나 기쁜 일인지요!… 주님께서 나를 기쁘게 맞아 주신다는 확신 가운데 주님의 은혜의 보좌 앞에 담대히 나아갈 수 있으니 얼마나 기쁜지요! 내가 이 모든 은혜와 특권을 누리게 된 것은 내게 그럴 만한 자격이 있어서도 아니요 주님을 잘 섬겼기 때문도 아닙니다. 주님께서는 은총을 값없고 한없이 베푸시는 은혜의 하나님이시기 때문입니다… 주님께서는 이 은총을 마지못해 몇 방울 떨어뜨려 주시는 게 아니라 차고 흘러넘치도록 풍성하게 부어 주십니다… 주님께서 나를 있는 그대로 기쁘게 맞아 주시니 얼마나 기쁜지요. 부활하신 예수님께서 나의 구주가 되시니 감사드립니다. 나를 그리스도의 생명으로 살게 하시고, 그리스도의 의를 힘입어 의롭다 하시니 내 영혼이 기뻐하고 즐거워하나이다.

　주님을 찬양하고 찬송하나이다. 나의 모든 간구를 감사함으로 구체적으로 자세히 아뢸 수 있게 하시니 감사드립니다… 주님 앞에 나의 마음을 쏟아 놓을 수 있게 하시니 감사드립니다. 나의 감정과 나의 실수와 나의 죄에 대하여 주님께 정직하게 아뢸 수 있게 하시니 감사드립니다… 나의 죄를 자백할 때 즉시 모두 용서하여 주시니 감사드립니다… 주님 앞에 나아갈 때 주님께서 나를 심판하시거나 정죄하실 것을 두려워할 필요가 결코 없으니 감사드립니다.

"너희는 가만히 있어 내가 하나님 됨을 알지어다. 내가 열방과 세계 중에서 높임을 받으리라" 하신 주님, 내가 가만히 있어 주님께서 하나님 되심을 알 수 있게 하시니 감사드립니다. 주님께서는 온 세계를 다스리십니다… 주님을 앙망하는 사람은 새 힘을 얻으며 피곤하지 않게 하여 주시니 감사드립니다. 주님을 의지함으로 쉼을 누리고 주님의 능력과 기쁨과 평화를 받아 누릴 수 있게 하시니 감사드립니다… 내가 주님 앞에 나아갈 수 있도록 허락하여 주시니 감사드립니다. 뿐만 아니라 주님께서는 실제로 나와의 교제를 원하십니다. 나의 예배, 나의 기도를 원하십니다. 내가 영원히 주님과 함께 있기를 원하십니다. 주님께서는 신령과 진정으로 주님을 예배하는 사람들을 찾고 계십니다. 이 모든 사실을 인하여 참으로 주님께 감사와 찬양을 드립니다… 내가 사랑하는 주님께 속하였고, 주님께서는 나를 사모하신다니 너무도 감사드립니다. 주님께서 원하시는 것은 바로 나입니다. 주님께서 나의 얼굴을 보기를 원하시고 나의 음성을 듣기 원하신다니 놀랍고 놀라운 일입니다. 주님의 피조물이 주님과 교제하도록 주님께서 허락하셨다니 참으로 놀라운 일입니다. 주님께서 그 교제를 원하시고 그 교제를 기뻐하시며, 또한 그 교제가 주님께 기쁨과 즐거움을 준다는 사실은 나의 머리로는 다 이해할 수 없는 참으로 기이한 일입니다. 주님, 이 모든 사실을 인하여 주님께 찬양과 감사를 드립니다.

참조 구절

엡 3:12 우리가 그 안에서 그를 믿음으로 말미암아 담대함과 하나님께 당당히 나아감을 얻느니라

히 10:19-22 그러므로 형제들아 우리가 예수의 피를 힘입어 성소에 들어갈 담력을 얻었나니 그 길은 우리를 위하여 휘장 가운데로 열어 놓으신 새롭고 산 길이요 휘장은 곧 저의 육체니라 또 하나님의 집 다스리는 큰 제사장이 계시매 우리가 마음에 뿌림을 받아 양심의 악을 깨닫고 몸을 맑은 물로 씻었으니 참마음과 온전한 믿음으로 하나님께 나아가자

히 4:16 그러므로 우리가 긍휼하심을 받고 때를 따라 돕는 은혜를 얻기 위하여 은혜의 보좌 앞에 담대히 나아갈 것이니라

엡 3:12 우리가 그리스도와 함께 또 그리스도에 의지하여 하나님께 나아갈 때 하나님께서는 반갑게 우리를 영접해 주실 것을 믿기에 우리는 두려움이 없습니다. (현대어 성경)

롬 5:17 한 사람의 범죄를 인하여 사망이 그 한 사람으로 말미암아 왕 노

릇 하였은즉 더욱 은혜와 의의 선물을 넘치게 받는 자들이 한 분 예수 그리스도로 말미암아 생명 안에서 왕 노릇 하리로다

빌 4:6　아무것도 염려하지 말고 오직 모든 일에 기도와 간구로 너희 구할 것을 감사함으로 하나님께 아뢰라

시 62:8　백성들아 시시로 저를 의지하고 그 앞에 마음을 토하라 하나님은 우리의 피난처시로다(셀라)

요일 1:8-10　만일 우리가 죄 없다 하면 스스로 속이고 또 진리가 우리 속에 있지 아니할 것이요 만일 우리가 우리 죄를 자백하면 저는 미쁘시고 의로우사 우리 죄를 사하시며 모든 불의에서 우리를 깨끗케 하실 것이요 만일 우리가 범죄하지 아니하였다 하면 하나님을 거짓말하는 자로 만드는 것이니 또한 그의 말씀이 우리 속에 있지 아니하니라

잠 28:13　자기의 죄를 숨기는 자는 형통치 못하나 죄를 자복하고 버리는 자는 불쌍히 여김을 받으리라

시 46:10　이르시기를 너희는 가만히 있어 내가 하나님 됨을 알지어다 내가 열방과 세계 중에서 높임을 받으리라 하시도다

사 40:31　오직 여호와를 앙망하는 자는 새 힘을 얻으리니 독수리의 날개 치며 올라감 같을 것이요 달음박질하여도 곤비치 아니하겠고 걸어가도 피곤치 아니하리로다

요 4:23　아버지께 참으로 예배하는 자들은 신령과 진정으로 예배할 때가 오나니 곧 이때라 아버지께서는 이렇게 자기에게 예배하는 자들을 찾으시느니라

| 아 2:14 | 바위틈 낭떠러지 은밀한 곳에 있는 나의 비둘기야 나로 네 얼굴을 보게 하라 네 소리를 듣게 하라 네 소리는 부드럽고 네 얼굴은 아름답구나 |
| 아 7:10 | 나는 나의 사랑하는 자에게 속하였구나 그가 나를 사모하는구나 |

29 일

　그리스도께서 나의 생명이 되시니 감사와 찬양을 드립니다… 나를 그리스도의 몸의 지체가 되게 해 주시니 감사드립니다. 나를 주님의 성령께서 거하시는 처소로 삼으시니 감사드립니다… 영광스러운 삼위일체 하나님께서 내 안에 거하시니 이 얼마나 놀라운 특권인지요! 주님께서 나를 통하여 내 주위에 있는 사람들에게 주님의 아름다운 덕을 널리 나타내시니 감사와 찬양을 드립니다.

　십자가 위에서 나의 모든 죄를 짊어지신 주님께 감사와 찬양을 드립니다. 나의 모든 죄 짐을 주님께 맡길 수 있게 하시니 감사드립니다. 내가 그리스도의 속죄 사역을 믿고 의지할 수 있게 하시니 감사드립니다. 주님께서 십자가에서 내 대신 나의 모든 죗값을 다 치러 주셨으니 감사드립니다… 오늘도 똑같이 내 삶의 모든 짐을 주님께 맡길 수 있게 하시니 감사드립니다… 나의 삶과 봉사, 나의 결혼 생활과 자녀들, 그리고 과거와 현재와 미래의 나의 모든 인간관계의 짐을 전부 주님께 맡길 수 있게 하시니 감사드립니다… 늘 제멋대로 행하는 나의 모든 연약한 것들을 주님께 맡길 수 있으니 감사드립니다… 성령으로 말미암아 내 안에서 지금도 역사하시는 주님을 인하여 감사와 찬양을 드립니다. 이 모든 짐을 내 어깨에서 벗어서 주님 어깨로 옮길 수 있게 하셨으니 얼마나 좋은지요. 주님께서 지금도 내 안에서 나를 위하여 일하고 계시니 감사드립니다… 나를 통하여 일하시고 계시니 감사드립니다! 그리스도로 말미암아 내게 능력을 주시는 주님의 은혜를 인하여 주님을 찬양합니다. 이를 통해 내가 주님께서 내게 원하시는 것을 모두 행할 수 있게 하시니 감사드립니다. 내 삶 속에 일어나는 모든 일은 전부 주님께서 허락하신 것임을 믿고 주님을 찬양합니다.

내 자신을 주님께 맡김으로 주님의 인도를 받을 수 있게 하시니 감사드립니다. 찬양 가운데 주님께 나아가 안식을 누리게 하시니 감사드립니다. 또한 항상 나를 돌아보시며 나의 날을 주관하여 주시니 감사와 찬양을 드립니다… 나의 갈 길 다 가도록 나를 인도하여 주시니 감사드립니다. 언제나 기쁨으로 주님을 의지할 수 있게 하시니 감사드립니다. 또한 나를 깨우쳐 주시며 고쳐 주시고 가르치시며 사용하시니 감사드립니다. 주님께서 원하시는 것을 내 안에서 나와 함께 행하고 계시니 감사드립니다… 눈에 전혀 보이지 않거나 느껴지지 않더라도 주님께서 내 안에서 나를 통해 일하심을 믿고 감사와 찬양을 드립니다… 내가 주님을 찬양하고 믿고 순종할 수 있게 하시니 감사드립니다. 주님의 지혜와 능력 없이 내 스스로 삶을 꾸려 나가려고 애쓰던 그 짐을 벗어 버릴 수 있으니 진심으로 감사드립니다.

나의 모든 근심 걱정을 전부 주님께 맡길 수 있게 하시니 감사드립니다. 주님께서 내게 개인적인 관심을 기울이고 계시니 참으로 감사드립니다.

참조 구절

골 3:4   우리 생명이신 그리스도께서 나타나실 그때에 너희도 그와 함께 영광 중에 나타나리라

고전 12:13   우리가 유대인이나 헬라인이나 종이나 자유자나 다 한 성령으로 세례를 받아 한 몸이 되었고 또 다 한 성령을 마시게 하셨느니라

고전 6:19   너희 몸은 너희가 하나님께로부터 받은바 너희 가운데 계신 성령의 전인 줄을 알지 못하느냐 너희는 너희의 것이 아니라

엡 3:16-19   그 영광의 풍성을 따라 그의 성령으로 말미암아 너희 속사람을 능력으로 강건하게 하옵시며 믿음으로 말미암아 그리스도께서 너희 마음에 계시게 하옵시고 너희가 사랑 가운데서 뿌리가 박히고 터가 굳어져서 능히 모든 성도와 함께 지식에 넘치는 그리스도의 사랑을 알아 그 넓이와 길이와 높이와 깊이가 어떠함을 깨달아 하나님의 모든 충만하신 것으로 너희에게 충만하게 하시기를 구하노라

벧전 2:9   오직 너희는 택하신 족속이요 왕 같은 제사장들이요 거룩한 나라요 그의 소유된 백성이니 이는 너희를 어두운 데서 불러내어 그의 기이한 빛에 들어가게 하신 자의 아름다운 덕을 선전하게 하려 하심이라

사 53:6	우리는 다 양 같아서 그릇 행하여 각기 제 길로 갔거늘 여호와께서는 우리 무리의 죄악을 그에게 담당시키셨도다
마 11:28-29	수고하고 무거운 짐 진 자들아 다 내게로 오라 내가 너희를 쉬게 하리라 나는 마음이 온유하고 겸손하니 나의 멍에를 메고 내게 배우라 그러면 너희 마음이 쉼을 얻으리니 이는 내 멍에는 쉽고 내 짐은 가벼움이라 하시니라
시 55:22	네 짐을 여호와께 맡겨 버리라 너를 붙드시고 의인의 요동함을 영영히 허락지 아니하시리로다
시 68:19	날마다 우리 짐을 지시는 주 곧 우리의 구원이신 하나님을 찬송할지로다
히 13:20-21	양의 큰 목자이신 우리 주 예수를 영원한 언약의 피로 죽은 자 가운데서 이끌어 내신 평강의 하나님이 모든 선한 일에 너희를 온전케 하사 자기 뜻을 행하게 하시고 그 앞에 즐거운 것을 예수 그리스도로 말미암아 우리 속에 이루시기를 원하노라 영광이 그에게 세세 무궁토록 있을지어다 아멘
빌 4:13	내게 능력 주시는 자 안에서 내가 모든 것을 할 수 있느니라
잠 3:5-6	너는 마음을 다하여 여호와를 의뢰하고 네 명철을 의지하지 말라 너는 범사에 그를 인정하라 그리하면 네 길을 지도하시리라
갈 2:20	내가 그리스도와 함께 십자가에 못 박혔나니 그런즉 이제는 내가 산 것이 아니요 오직 내 안에 그리스도께서 사신 것이라 이제 내가 육체 가운데 사는 것은 나를 사랑하사 나를 위하여 자기 몸을 버리신 하나님의 아들을 믿는 믿음 안에서 사는 것이라

벧전 5:7   여러분의 모든 근심 걱정을 하나님께 맡기십시오. 늘 여러분의 생각으로 가득 차 있는 하나님께서 여러분에게 일어나는 일을 일일이 보살펴 주실 것입니다. (현대어 성경)

30 일

하늘과 땅의 주재이신 우리 주 하나님께 경배와 찬양을 드립니다. 주님은 우주와 그 가운데 있는 만물을 지으신 하나님이십니다!… 그 아들 예수 그리스도를 보내 주신 주님의 무한한 사랑을 인하여 찬양과 감사를 드립니다. 예수 그리스도께서는 오랫동안 기다리던 메시야이시요 우리와 온 세상 모든 사람들을 위해 죽으신 구세주이십니다… 모든 세계와 모든 시대가 주님의 계획에 들어 있으니 주님을 찬양합니다… 복음의 발상지인 중동뿐 아니라, 유럽, 아메리카, 아시아, 아프리카, 전 남반구까지도… 지구상에 있는 모든 작은 섬들까지도 주님께서 다스리시니 주님을 찬양합니다… 예수님께서 자기 피로써 모든 민족과 언어와 백성과 나라 중에서 사람들을 사서 하나님의 자녀와 백성으로 삼아 주시니 감사드립니다… 주님께서는 땅 위에 있는 모든 사람이 회개하기를 간절히 원하십니다. 주님께서는 어느 누구도 주님 없이 영원을 보내기를 원하지 않으십니다.

하나님께서는 하나님의 아들의 얼굴에 있는 하나님의 영광을 아는 빛을 내게 주시기 위하여 내 마음에 하나님의 빛을 비춰셨습니다… 나를 주님께로 이끄시고, 나를 존귀하게 하시며, 나를 주님의 가족이 되게 하시고, 주님의 나라의 시민으로 삼으시니 감사와 찬양을 드립니다… 나를 주님의 일꾼 명단 속에 적으시고 나로 주님의 증인 되게 하시니 감사드립니다… 또 주님의 사랑과 주님의 영광스러운 목적 안에서 내가 분깃을 얻도록 하시니 얼마나 귀한 특권인지요!… 회개하고 믿어 주님의 영광을 위해 살게 될 사람들을 찾으시는 주님의 일에 내가 조금이나마 기여할 수 있게 하시니 감사드립니다… 주님을 알고 주님을 알게 하는 이 귀한 일에 나를 불러 주심을 인하여 주님을 찬양합니다! 주님의 성령을 내게 주셔서 나를 충만케 하고 내게 능력을 주신 주님을 찬양합니다. 영원토록 항상 나와 함께 계시겠다고 약속하여 주셨음을 인하여 주님을 찬양합니다.

"하나님이여, 주는 하늘 위에 높이 들리시며 주의 영광은 온 세계 위에 높아지기를 원하나이다."

참조 구절

행 17:24   우주와 그 가운데 있는 만유를 지으신 신께서는 천지의 주재시니 손으로 지은 전에 계시지 아니하시고

요 3:16   하나님이 세상을 이처럼 사랑하사 독생자를 주셨으니 이는 저를 믿는 자마다 멸망치 않고 영생을 얻게 하려 하심이니라

갈 4:5-6   율법 아래 있는 자들을 속량하시고 우리로 아들의 명분을 얻게 하려 하심이라 너희가 아들인 고로 하나님이 그 아들의 영을 우리

	마음 가운데 보내사 아바 아버지라 부르게 하셨느니라
요일 2:2	저는 우리 죄를 위한 화목제물이니 우리만 위할 뿐 아니요 온 세상의 죄를 위하심이라
행 13:47	주께서 이같이 우리를 명하시되 내가 너를 이방의 빛을 삼아 너로 땅끝까지 구원하게 하리라 하셨느니라 하니
계 5:8	책을 취하시매 네 생물과 이십사 장로들이 어린양 앞에 엎드려 각각 거문고와 향이 가득한 금 대접을 가졌으니 이 향은 성도의 기도들이라
벧후 3:9	주의 약속은 어떤 이의 더디다고 생각하는 것같이 더딘 것이 아니라 오직 너희를 대하여 오래 참으사 아무도 멸망치 않고 다 회개하기에 이르기를 원하시느니라
고후 4:6	어두운 데서 빛이 비취리라 하시던 그 하나님께서 예수 그리스도의 얼굴에 있는 하나님의 영광을 아는 빛을 우리 마음에 비춰셨느니라
엡 2:19	그러므로 이제부터 너희가 외인도 아니요 손도 아니요 오직 성도들과 동일한 시민이요 하나님의 권속이라
롬 12:4-6	우리가 한 몸에 많은 지체를 가졌으나 모든 지체가 같은 직분을 가진 것이 아니니, 이와 같이 우리 많은 사람이 그리스도 안에서 한 몸이 되어 서로 지체가 되었느니라 우리에게 주신 은혜대로 받은 은사가 각각 다르니 혹 예언이면 믿음의 분수대로
행 1:8	오직 성령이 너희에게 임하시면 너희가 권능을 받고 예루살렘과 온 유대와 사마리아와 땅끝까지 이르러 내 증인이 되리라 하시니라

마 28:18-20 예수께서 나아와 일러 가라사대 하늘과 땅의 모든 권세를 내게 주셨으니 그러므로 너희는 가서 모든 족속으로 제자를 삼아 아버지와 아들과 성령의 이름으로 세례를 주고 내가 너희에게 분부한 모든 것을 가르쳐 지키게 하라 볼지어다 내가 세상 끝 날까지 너희와 항상 함께 있으리라 하시니라

시 57:11 하나님이여 주는 하늘 위에 높이 들리시며 주의 영광은 온 세계 위에 높아지기를 원하나이다

31 일

　주님, 내 영혼이 주님 앞에서 기뻐 뛰며 주님께 찬양과 경배를 드립니다. 주님의 진리와 주님의 속성과 주님의 성품은 영원하시며 결코 변치 않으시니 주님을 찬양합니다. 나뿐 아니라 주님께서 사랑하시는 모든 이들을 향한 주님의 마음은 영원불변하시니 주님을 찬양합니다… 주님의 무궁한 사랑으로 말미암아 나의 영혼을 영원히 주님께 묶어 놓으시니 얼마나 기쁜지요… 내 속에서 착한 일을 시작하신 주님께서 그리스도 예수의 날까지 그 일을 이루시니 얼마나 기쁜지요… 나를 부르신 주님께서는 온전히 신실하시기에 주님께서 시작하신 것을 반드시 이루실 것을 믿습니다. 시작하신 일을 도중에 그만두지 않으시는 주님을 찬양합니다.

　우리에게 보배롭고 지극히 큰 약속들을 주시니 감사드립니다. 내 안에서… 나의 사랑하는 이들 안에서… 나의 환경 속에서… 나의 섬김 속에서… 온 세계에서 하시는 모든 일 속에서 이 약속대로 행하시니 감사드립니다… 주님의 선하신 약속들 중 어느 하나도 결코 땅에 떨어지지 않으니 감사와 찬양을 드립니다… 아무리 가망이 없고 불가능해 보이는 문제일지라도 주님께서는 다 해결하실 수 있나이다. 너무 어려워 해결할 수 없는 것이 주님께는 없음을 인하여 주님께 영광을 돌립니다… 주님께서는 죽은 자를 살리시며 없는 것을 있는 것같이 부르실 수 있는 분이십니다… 그러기에 내가 믿음이 없어 주님의 약속을 의심하거나 흔들릴 필요가 없게 하시니 감사드립니다. 약속하신 것을 능히 이루시는 주님, 주님께 영원토록 찬양과 감사를 드립니다!

우리를 넘어지지 않게 보호하시고 지켜 주시니 감사드립니다. 주님의 영광 앞에 흠이 없이 큰 즐거움으로 서게 하실 하나님, 우리의 구주가 되시는 하나님, 홀로 하나이신 하나님께 우리 주 예수 그리스도로 말미암아 영광과 위엄과 권력과 권세가 영원 전부터 지금과 앞으로도 영원히 함께하기를 기도합니다! 아멘.

참조 구절

시 102:25-27 주께서 옛적에 땅의 기초를 두셨사오며 하늘도 주의 손으로 지으신 바니이다 천지는 없어지려니와 주는 영존하시겠고 그것들은 다 옷같이 낡으리니 의복같이 바꾸시면 바뀌려니와 주는 여상하시고 주의 연대는 무궁하리이다

히 13:8 예수 그리스도는 어제나 오늘이나 영원토록 동일하시니라

렘 31:3 나 여호와가 옛적에 이스라엘에게 나타나 이르기를 내가 무궁한 사랑으로 너를 사랑하는 고로 인자함으로 너를 인도하였다 하였노라

빌 1:6	너희 속에 착한 일을 시작하신 이가 그리스도 예수의 날까지 이루실 줄을 우리가 확신하노라
살전 5:24	여러분을 불러 자녀가 되게 하신 하나님께서는 반드시 약속한 대로 이루어 주실 것입니다. (현대어 성경)
벧후 1:4	이로써 그 보배롭고 지극히 큰 약속을 우리에게 주사 이 약속으로 말미암아 너희로 정욕을 인하여 세상에서 썩어질 것을 피하여 신의 성품에 참예하는 자가 되게 하려 하셨으니
왕상 8:56	여호와를 찬송할지로다 저가 무릇 허하신 대로 그 백성 이스라엘에게 태평을 주셨으니 그 종 모세를 빙자하여 무릇 허하신 그 선한 말씀이 하나도 이루지 않음이 없도다
렘 32:17,27	슬프도소이다 주 여호와여 주께서 큰 능과 드신 팔로 천지를 지으셨사오니 주에게는 능치 못한 일이 없으시니이다 나는 여호와요 모든 육체의 하나님이라 내게 능치 못한 일이 있겠느냐
롬 4:17-21	기록된 바 내가 너를 많은 민족의 조상으로 세웠다 하심과 같으니 그의 믿은바 하나님은 죽은 자를 살리시며 없는 것을 있는 것같이 부르시는 이시니라 아브라함이 바랄 수 없는 중에 바라고 믿었으니 이는 네 후손이 이 같으리라 하신 말씀대로 많은 민족의 조상이 되게 하려 하심을 인함이라 그가 백세나 되어 자기 몸의 죽은 것 같음과 사라의 태의 죽은 것 같음을 알고도 믿음이 약하여지지 아니하고 믿음이 없어 하나님의 약속을 의심치 않고 믿음에 견고하여져서 하나님께 영광을 돌리며 약속하신 그것을 또한 능히 이루실 줄을 확신하였으니

유 1:24-25　능히 너희를 보호하사 거침이 없게 하시고 너희로 그 영광 앞에 흠이 없이 즐거움으로 서게 하실 자 곧 우리 구주 홀로 하나이신 하나님께 우리 주 예수 그리스도로 말미암아 영광과 위엄과 권력과 권세가 만고 전부터 이제와 세세에 있을지어다 아멘

찬양 - 하나님께 대한 가장 기본적인 예배

　주님, 나는 주님의 것입니다… 어떤 값을 치르더라도 주님의 뜻이 내 삶 속에서 이루어지기를 원합니다. 나는 나의 일을 하기 위해서나, 나의 만족이나 나의 영광을 추구하기 위해 지금 이 땅에 있는 것이 아닙니다. 내가 원하는 것을 얻는 일에 몰두하거나, 나의 재산을 늘리고, 사람들에게 감명을 주고, 인기를 얻고, 내가 중요한 사람이라는 것을 나타내거나, 내 자신을 발전시키기 위해 여기에 있지도 않습니다. 인간적인 기준으로 볼 때 중요한 인물이 되거나 인생에서 성공한 사람이 되기 위해 여기에 있는 것도 아닙니다. 오직 주님을 기쁘시게 하기 위해 여기에 있습니다.

　내 자신을 주님께 드립니다. 주님께서는 나를 받으시기에 합당하신 분이기 때문입니다. 지금의 나, 그리고 장차의 나, 나의 전부가 주님으로 말미암습니다. 주님께서 나를 창조하셨으니 나는 주님의 것입니다. 날마다 나는 주님으로부터 생명과 호흡과 모든 것을 받습니다. 그리고 주님께서 나를 사셨기 때문에 나는 주님의 것입니다. 주님께서 치르신 값은 그리스도의 보배로운 피입니다. 삼위일체 하나님, 하나님만이 나의 주님과 주인이 되시기에 합당합니다. 은혜로우시고 영광스러운 하나님 아버지께 나를 드립니다. 나를 사랑하시고 나를 위해 자신을 주신 주 예수님께 나를 드립니다. 내게 은혜를 베푸시고 능력을 주시는 성령님께 나를 드립니다.

나의 모든 것, 내가 가진 모든 것을 하나님께 드립니다.

나의 몸과 몸의 각 지체들을 주님께 드립니다… 나의 지성과 감정과 의지를 주님께 드립니다… 나의 마음을 주님께 드립니다… 나의 사랑하는 이들을… 나의 결혼 생활(또는 결혼에 대한 소망)을… 나의 능력과 은사들을… 나의 강점과 약점들을… 나의 높고 낮은 지위를… 나의 소유물들을… 나의 과거를… 나의 현재를… 나의 미래를 주님께 드립니다.

나는 주님을 사랑하고, 주님께 순종하며, 주님을 영화롭게 하기 위해 여기에 있습니다. 오 나의 사랑하는 주님, 내가 주님께 기쁨이 되기를 원합니다!

찬양의 31일

초판 1쇄 발행 : 1994년 1월 25일
개정 1쇄 발행 : 2020년 3월 20일
개정 2쇄 발행 : 2025년 3월 5일

펴낸곳 : 네비게이토 출판사 ©
주소 : 03784 서울시 서대문구 연희로 16 (창천동)
전화: 334-3305(대표), 334-3037(주문), FAX: 334-3119
홈페이지: http://navpress.co.kr
출판등록: 제10-111호(1973년 3월 12일)
ISBN 978-89-375-0581-2 03230

본 출판사의 서면 허락 없이는 본서의 전부 또는
일부의 무단 복제, 또는 원문에 대한 무단 번역을 금합니다.